CÓMO SER UN BUDISTA MILLONARIO

MATT JARDINE

CÓMO SER
UN BUDISTA
MILLONARIO

Una guía para encontrar
el equilibrio entre el bienestar espiritual
y la prosperidad económica

URANO

Argentina – Chile – Colombia – España
Estados Unidos – México – Perú – Uruguay

Título original: *How to be a Buddhist Millionaire*
Editor original: Short Books, Londres
Traducción: Manuel Manzano Gómez

1.ª edición Enero 2022

Copyright © Matt Jardine, 2020
Edición española contratada a través de Red Rock Literary Agency y Oh! Books Literary Agency
All Rights Reserved
© 2021 de la traducción *by* Manuel Manzano Gómez
© 2021 *by* Ediciones Urano, S.A.U.
Plaza de los Reyes Magos 8, piso 1.º C y D – 28007 Madrid
www.edicionesurano.com

ISBN: 978-84-17694-45-6
E-ISBN: 978-84-18480-77-5

Despósito legal: B-18.239-2021

Fotocomposición: Ediciones Urano, S.A.U.

Impreso por: Rodesa, S.A. – Polígono Industrial San Miguel
Parcelas E7-E8 – 31132 Villatuerta (Navarra)

Impreso en España – *Printed in Spain*

A todos los que buscan un camino mejor.

ÍNDICE

INTRODUCCIÓN

«Incluso las túnicas del Dalai Lama cuestan dinero.
Aunque es posible que Su Santidad no tenga que meter
la mano en su propia billetera, alguien en algún lugar
tendrá que pagar la cuenta.»

ANÓNIMO

Por tu propio bien, responde con sinceridad. Si tuvieras un millón de euros, ¿vivirías tu vida actual? ¿Harías el trabajo que haces actualmente? Si la respuesta es sí, y estás contento con eso, felicidades. Si la respuesta es no y no estás contento, no te preocupes, no estás solo y este libro es para ti.

Las encuestas revelan que muchos no viven su vida ideal en lo que respecta al trabajo y la carrera. De hecho, parece que hasta siete de cada diez personas del mundo occidental no saltamos de la cama para abrazar el día de trabajo que tenemos por delante. Intenta hacer la pregunta del millón de euros anterior en la próxima reunión social a la que asistas y comprueba esas cifras por ti mismo. Te sorprenderás.

Si no vives la vida de tus sueños, ¿qué estás haciendo? Probablemente trabajando demasiado por muy poco, ¿verdad?

Con un tercio de nuestras vidas trabajando y otro tercio durmiendo, queda poco tiempo para hacer las cosas que inspiran, levantan nuestras almas y nos involucran mental, física, emocional y espiritualmente por completo. Eso me parece una terrible pérdida de tiempo.

Pero hay esperanza. Si las encuestas son correctas, casi un tercio de las personas, el 30 %, viven vidas plenas y hacen un trabajo que adoran, un trabajo que harían independientemente del dinero.

Al hacer un trabajo útil y rentable, esas personas que conforman el 30 % duplican la cantidad de tiempo dedicado a hacer cosas que, para ellos, tienen un gran significado.

No solo hacen un trabajo por el que se levantan felizmente de la cama por la mañana, en lugar de volver a meterse debajo de las sábanas después de presionar el botón de repetición del despertador, sino que cumplen con sus obligaciones financieras mientras lo hacen.

Este libro te mostrará cómo puedes hacerlo tú también.

Para ser consideradas un éxito, la vida moderna y la economía exigen un crecimiento constante. En nuestro mundo impulsado por las finanzas, si no crecemos, se considera que fracasamos. Con las presiones derivadas de ese modelo económico, debemos correr para quedarnos quietos. Terminamos encadenados al dinero y tomamos decisiones de vida que están impulsadas principalmente por la economía y las demandas de nuestros jefes, clientes y obligaciones financieras.

El dinero es el centro de nuestro universo, y es innegable que se ha convertido en nuestro amo, incluso en nuestro Dios, nos interese admitirlo o no.

Podríamos insistir y creer genuinamente que somos los «capitanes de nuestro destino y los amos de nuestra alma», pero muy a menudo son las cosas de la vida, esas que inconscientemente negamos, evitamos o disimulamos, las que están al timón, no nosotros. El dinero tiene un arraigado dominio sobre el ser humano.

No obstante, este libro no versa sobre ganar dinero ni es una biblia de la economía. Hay muchos otros libros que pueden enseñarte a crear riqueza. Con ellos puedes aprender a recoger los céntimos que se han caído entre los cojines del sofá. Puedes averiguar cómo vender tu décimo apartamento para obtener ganancias impresionantes. También puedes aprender estrategias de reducción de personal y de jubilación y utilizar los ahorros para comprar un barquito de un solo dormitorio para navegar hacia el ocaso de tu vejez.

Este no es uno de esos libros porque, cualquiera que sea el enfoque financiero que emplees, todas las estrategias monetarias son inherentemente defectuosas. Al tratar de escapar de la pobreza y amasar riqueza, y por muchos éxitos que alcances en ello, todavía estás sujeto a las reglas y las leyes del dinero.

Todos conocemos el mantra que nos transmitieron nuestros padres y nuestra sociedad: ir a la escuela, estudiar mucho, graduarse en la universidad, conseguir un buen trabajo, establecerse, ahorrar, invertir, mantener una familia, jubilarse bien y morir, y no llevarnos ni un céntimo de nuestro dinero.

Es un juego que a la mayoría de nosotros se nos enseña a jugar. Algunos ganarán, mientras que otros perderán. ¿Cuándo fue la última vez que te cuestionaste la salubridad de ese modo de vida predeterminado? ¿Es hora de investigar opciones alternativas?

Este libro se ocupa de encontrar otro camino, un nuevo juego con reglas diferentes. Participarás en un juego en el que ganar, en el sentido moderno de la palabra, no significa necesariamente tener éxito, y en el que, incluso en un estado de «pérdida», todavía esperarás con ganas la llegada del nuevo día.

Cuando miramos el cielo en una noche clara y brillante y nos maravillamos con las estrellas, los planetas y el universo, nuestras mentes no suelen estar llenas de cavilaciones sobre el dinero: «Vaya, me pregunto quién paga todas esas estrellas», «¿Alguien ha considerado franquiciar los planetas?», «¿Quiénes son los accionistas mayoritarios del universo?»

Y, sin embargo, aunque teóricamente entendemos que las finanzas no se establecen en el centro del cosmos exterior, no podemos escapar del hecho de que, la mayoría de las veces, se establecen en el centro de nuestro mundo.

De manera instintiva, sospechamos que la vida es más que trabajo, facturas y plazos. Los seres humanos han cuestionado el significado de la vida desde los albores de los tiempos. De hecho, las instituciones de la religión, la filosofía y la ciencia evolucionaron, para bien o para mal, a partir de un intento de dar sentido al mundo y revelar el propósito superior de la vida. Incluso los ateos más pesimistas, aquellos que creen que vivimos una vida mecánica y sin espíritu hasta que morimos, en un momento u otro también han mirado las estrellas y han considerado su origen. Después de todo, también un universo mecánico debe tener su origen.

Los científicos, los filósofos y los líderes religiosos tienen más en común de lo que quieren admitir; a saber: sondean la vida. Pero es la religión la que se ha llevado la peor parte de las críticas en los últimos tiempos.

La estatura de la religión organizada ha cambiado a lo largo de los siglos. Como consecuencia de las debilidades inherentes a la religión y su escrutinio bajo el microscopio de la ciencia, muchas personas adoptan un conjunto de creencias más «espirituales» que religiosas. Como pensadores críticos, eliminamos al intermediario de lo divino y formamos nuestras propias opiniones únicas sobre el significado de la vida.

Sin embargo, no abandonamos la pila bautismal y recurrimos a religiones alternativas y búsquedas autoproclamadas de conocimiento existencial. Nuestros precursores religiosos han hecho mucho para allanar el camino hacia donde nos encontramos hoy. Simplemente estamos mejorando y confiamos, por fin, en nuestra propia voz para describir a «Dios», al igual que los taoístas una vez eligieron su simbología *yin-yang*, y los budistas de Nichiren su canto del *sutra* del loto para explicar a Dios. Somos libres de explicar la fuente inexplicable de todas las cosas de la manera que elijamos.

¡No temas! Del mismo modo en que este no es un libro sobre cómo hacerse rico rápidamente, tampoco es un libro religioso o *new age*. No es un libro que requiera que te pongas frente a un espejo a cantar, afirmar o visualizar.

Sin embargo, lo que harán estas páginas es pedirte que abras la mente a ideas y enseñanzas que pueden resultarle desconocidas. Por poco comunes que sean estas ideas en tu manera de pensar actual, es precisamente su diferenciación lo que las hace valiosas para ti. Después de todo, si tu forma de vida funcionara, no estarías leyendo este libro. Todas estas ideas, sin importar cuán inusuales sean, han sido probadas en el campo de la vida moderna por mí y por ese otro 30 %, te lo aseguro.

Entonces, nuestra tarea aquí es unir los dos extremos que están claramente simbolizados por el antiguo símbolo chino del *yin-yang*. En un extremo está el lado más ligero del yin, caracterizado por la sabiduría, la imaginación, la tranquilidad, la relajación, la satisfacción, la persistencia y la introversión. Esta es la imagen del «artista hambriento», que está creativamente satisfecho y en contacto con el verdadero significado de su vida, pero que carece del mundo material donde debe ejercer su oficio. Puede que sea feliz, pero está en quiebra.

En el otro extremo está el lado más oscuro del *yang*, caracterizado por la acción, la ambición, el coraje, la extroversión, la emoción, la aventura y la valentía. La imagen del «banquero despiadado» reina por encima de todo. Ese «tiburón» enfocado en el ámbito empresarial ha dominado el mundo material y ha acumulado una riqueza y un éxito financiero con los que el artista hambriento solo podría soñar, pero ¿a qué precio? ¿Amabilidad, compasión, salud, tiempo en familia y una vida llena de significado y profunda satisfacción?

¿Pueden estos dos extremos estar unidos por un camino intermedio?

¿Debe sacrificarse uno para abrazar al otro? ¿Es posible liberarse de las ataduras financieras y buscar una vida con un propósito superior? ¿Podemos vivir nuestra verdadera llamada interior y nuestras pasiones más profundas y aun así tener éxito en un mundo materialista moderno? Para responder a estas preguntas necesitaremos obtener ayuda.

Hay una religión de la vieja escuela, ubicada en la encrucijada de la ciencia, la filosofía y la espiritualidad moderna que sigue siendo tan relevante hoy como lo era hace 2.000 años en las tierras del Lejano Oriente donde surgió: el budismo. El budismo y algunos de sus principios aparecen en gran parte de este libro, aunque no es un libro sobre budismo. No pretendo brindar una comprensión académica profunda de este antiguo sistema, pero puedo ofrecer lecciones y experiencias ganadas con esfuerzo como budista laico durante más de veinticinco años.

El punto de inflexión, aquello que significó un antes y un después para mí, ocurrió hace más de diez años. Estaba de pie en los terrenos de Ryozenji, un templo budista en la isla japonesa de Shikoku, mientras contemplaba los destellos anaranjados y blancos de las escamas de las carpas koi que nadaban en un estanque.

Ryozenji es el punto de inicio y finalización de la Peregrinación de los 88 Templos (llamado *Hachi-ju-Hachi* por los japoneses). Este es el emblemático sendero sagrado de Japón, del mismo modo que en España lo es el Camino de Santiago de Compostela. Acababa de completar 1.400 km en 30 días a pie y había visitado los 88 templos budistas necesarios para completar la peregrinación.

Esta experiencia que cambió mi vida finalmente se convirtió en el tema de mi primer libro, *The Hardest Path*. Una peregrinación tortuosa como la de los 88 templos imita, en el microcosmos, todas las posibles experiencias, emociones, pensamientos y acciones posteriores que un humano puede tener en el macrocosmos de su vida.

El beneficio de ver expuestos todos tus pensamientos y emociones mientras caminas cientos de kilómetros es que ya no puedes evitar ser quien eres ni dejar de lado qué piensas y cómo reaccionas a las experiencias cotidianas. No hay distracción que oculte tus debilidades ni que niegue tus fortalezas. Mientras haces la peregrinación, vives tu vida en tecnicolor, no porque hayas entrado en algún extraño dominio espiritual, sino porque sin nada que hacer más que caminar, descansar y comer, no hay oscurecimientos. Tu mente, tu cuerpo y tu alma están en el centro de atención y por fin observas cómo se comportan. Después de todo, ¿qué más se puede hacer en una caminata de 1.400 km alrededor de una isla?

En un terreno tan abierto, geográfica, física, mental y emocionalmente, se aprenden lecciones. Si bien estas pueden variar de un peregrino a otro, dependiendo de lo que cada uno necesite aprender, se producirá cierto grado de percepción personal. Yo aprendí nueve lecciones, las que forman la columna vertebral de este libro. Mientras miraba el estanque de peces de Ryozenji, después de que el viaje me hubiera cambiado irrevocablemente, se me ocurrió que lo que había aprendido en la Peregrinación de los 88 Templos no significaría nada a menos que pudiera llevármelo a casa. Si esas nueve lecciones no podían recuperarse, traducirse a un idioma accesible, utilizarse en medio de todo el ruido y el caos de la vida cotidiana y compartirse con los demás, entonces no habrían servido de nada.

Mi deseo de traerme esas lecciones a casa era en parte altruista y en parte egoísta. De hecho, quería compartir las lecciones que me cambiaron la vida para beneficio de los demás, como los hombres santos me habían dicho que hiciera, pero también quería disipar una duda persistente.

¿Serían ciertas esas grandes ideas una vez que hubiera dejado la santidad del sendero sagrado? Los budistas lo llaman «bajar de la montaña». ¿De qué sirve el conocimiento, espiritual o de otro tipo, si no puede ayudarte a ti y a los demás mientras llevas una vida normal y corriente?

He hablado de los juegos y las reglas con los que no jugaremos: las tácticas de las economías feroces y las doctrinas incompletas de la religión, la filosofía o la ciencia. Tampoco, en una búsqueda apresurada de un trasfondo «espiritual» para nuestras vidas, nos entregaremos a modas *new age* no corroboradas.

En cambio, propongo que participemos en un juego en el campo de la vida que nos permita aprender directamente de nuestras experiencias, errores y triunfos. Buscaremos el camino entre la prosperidad y el propósito, y descubriremos que las dos cosas no son necesariamente antitéticas.

He llegado a referirme a aquellos que logran caminar por la cuerda floja entre el significado y el dinero como «budistas millonarios». Pero déjame ser claro: no es necesario ser budista para vivir una vida significativa y con un propósito, ni ser millonario para indicar que tienes éxito en los negocios o en el lugar de trabajo. Cualquiera que sea el término que elijas para describirte a ti mismo después de descubrir que, de hecho, es posible vivir una vida plena dentro de un mundo material a menudo en desacuerdo con un propósito superior, depende de ti.

Sin duda será un juego divertido, y nunca te pediré que creas en algo que no se pueda probar o demostrar. Este es un libro que habla de hacer, no de creer o seguir sin cuestionar.

La primera parte analizará las creencias predeterminadas sobre el dinero que dan forma a nuestro mundo y nuestras vidas. Consideraremos el dolor y la dificultad que nos causa una actitud tipo «el dinero es lo primero» y seguiremos los consejos de compañeros de equipo, entrenadores y asesores que nos encontraremos en el camino.

Al enfrentarnos a nuestros paradigmas mentales, podemos cuestionar su validez e investigar si quizá nuestras suposiciones sobre el dinero y el trabajo no son del todo correctas. Si en la vida hay algo más que el dinero, ¿qué es?

En la segunda parte investigaremos la necesidad de que los seres humanos vivan vidas significativas, en lugar de existir únicamente para la búsqueda y acumulación de riqueza. Analizaremos las limitaciones de las ideas tradicionales sobre lo que le da significado a una vida y, en cambio, ofreceremos ejercicios para descubrir la vocación personal y única en la vida, brindándote la confianza no solo para definirla, sino para codiciarla. En la tercera parte, el corazón del libro, te pondremos en el Camino del Budista Millonario. Te mostraremos cómo vivir una vida con sentido y convertirla en una carrera exitosa y económicamente gratificante, siguiendo nueve lecciones clave. Esta parte contará con historias reales y consejos de personas que están recorriendo con éxito el Camino del Budista Millonario, desde chefs, atletas y artistas galardonados hasta banqueros y trabajadores sociales.

Mi máxima esperanza es que este libro te motive, te inspire y te guíe hacia una existencia en la que vivas tu pasión y le saques provecho. Quiero ayudarte a crear una nueva vida, y que en el futuro, cuando alguien te pregunte «Si tuvieras un millón de euros, ¿vivirías tu vida actual?», tu respuesta sea simplemente «Por supuesto que sí».

PARTE I

EL CAMINO DEL DINERO

EN TODAS PARTES
Y EN NINGUNA

«Los temas más difíciles se pueden explicar al hombre más
lento de ingenio si no se ha formado ya una idea de ellos;
pero la cosa más simple no se le puede aclarar al hombre
más inteligente si está firmemente persuadido de que ya
sabe, sin sombra de duda, lo que se le presenta.»

LEÓN TOLSTOI

«Vacía tu copa para que pueda llenarse.»

BRUCE LEE

A Albert Einstein, Mark Twain, Benjamin Franklin y Alco-
hólicos Anónimos se les ha atribuido el dicho: «La definición
de locura es hacer lo mismo una y otra vez y esperar un resultado diferente». Si bien técnicamente es falso, la definición de
locura no es esta y probablemente no fue escrita por ninguno
de los anteriores, el dicho, sin embargo, tiene su qué. Si lucha-
mos constantemente, somos infelices y cometemos los mismos

errores, debemos cambiar de rumbo y encontrar una manera mejor de hacer las cosas.

Somos criaturas de costumbres, cuyas vidas estás rodeadas por creencias indiscutibles, hábitos diarios y elecciones autoperpetuantes que fortalecen el ciclo. Aunque la repetición y la práctica pueden conducir a la competencia e incluso al dominio de una tarea determinada, sin cuidado, este dominio puede actuar en nuestra contra.

Existe una vieja leyenda *cherokee* conocida como «Los dos lobos», que relata una conversación entre un miembro mayor de una tribu y un niño. Al igual que los extremos polares representados en la simbología *yin-yang*, los lobos de la historia representan valores en conflicto. Los lobos, le dice el mayor al niño, viven dentro de todos nosotros, siempre enzarzados en la batalla. Un lobo es malvado, enojado, envidioso, afligido, codicioso, arrogante, resentido, lleno de ego y orgulloso; el otro es alegre, pacífico, cariñoso, bondadoso, sereno, benévolo, empático, veraz, generoso y fiel. El joven pregunta inevitablemente qué lobo ganará esta eterna lucha, a lo que el sabio responde: «El que tú alimentes».

Los hábitos no son malos, en absoluto, sin ellos no podríamos navegar de manera eficiente por los paisajes de nuestras vidas. Un hábito integrado en nuestra neurología libera energía y recursos para que nuestro cerebro explore nuevas perspectivas. Imagínate, por ejemplo, conducir con la aptitud de un principiante: forzado, inseguro y torpe. Sin el poder del hábito y las habilidades arraigadas profundamente en los circuitos del cerebro mediante la práctica, un conductor experimentado no podría coordinar la conducción mientras disfruta de la vista y la charla con un pasajero al mismo tiempo. Sin el hábito, el conductor seguiría siendo tan ineficaz como un principiante eternamente, ¡o al menos de Londres a Brighton!

Los hábitos se perpetúan a sí mismos y dan forma a nuestra toma de decisiones. Sabemos lo que sabemos y, por lo tanto, hacemos lo que hacemos. Por ejemplo, si he heredado la creencia de que el dinero es la «raíz de todos los males» —un pensamiento de lobo oscuro—, entonces mi relación con el dinero y mis subsecuentes elecciones, hábitos y vida serán marcadamente diferentes a los de alguien que cree que «la gente buena hace cosas buenas con el dinero», los pensamientos de un lobo iluminado.

Si fomentamos hábitos saludables y positivos, estos se verán reflejados en nuestras vidas. Sin embargo, si repetimos las cosas que nos causan dolor, seremos dueños de nuestra propia muerte infeliz. Para evitar esto, como sugiere Bruce Lee, es importante estar abierto a nuevas formas, formas que podrían conducir a nuevas creencias, pensamientos, elecciones, hábitos y realidades.

En esta primera parte del libro, intentaré abrirte los ojos a la idea de que el dinero es meramente una construcción teórica; una ilusión, si quieres. Mostraré que el concepto de dinero se perpetúa, principalmente, por creencias heredadas de la familia y la sociedad en general que se han convertido en hábitos y rutinas difíciles e incuestionables. Revelaré algunas verdades no dichas, estallaré la burbuja de los «mitos del dinero» indiscutibles y ofreceré algunos conceptos nuevos en torno a la idea del trabajo, la vida y el significado en un intento por mostrarte que el dinero puede no ser tan esclavizante como habías pensado. Sin embargo, para motivarnos a cambiar estas creencias y hábitos profundamente arraigados, primero debemos comprender el daño que nuestra relación actual con el dinero, una actitud de «el dinero es lo primero», nos causa.

Es posible que veas la señal reveladora mientras estás acostado en la cama mirando al techo, o en un momento tranquilo durante la pausa del almuerzo, o después del trabajo, relajándote en el baño después de un largo día. Cualquiera puede sentirla en cualquier momento, cuando hay una pausa entre pensamientos ocupados. Es aquello de «En todas partes y en ninguna».

«En todas partes y en ninguna» es como llamo a la tensión que zumba en el fondo de nuestras vidas pero que es casi imposible de precisar. Es como un dolor de cabeza o de muelas que resulta incómodo en la periferia, que parece existir simultáneamente en todas partes y en ninguna. Los budistas lo llaman «sufrimiento» o «insatisfacción» y dicen que es la causa fundamental de todos nuestros problemas.

Hace años, lo vi en mí mismo. Acababa de dejar a mis dos hijos pequeños en la escuela y caminaba de regreso a casa pensando en las facturas y en las muchas cosas que llenaban mi lista de «tareas pendientes» que tenía que completar para poder pagarlas. Mientras pensaba en el día que tenía por delante, me di cuenta de que mis hombros estaban tensos, mi mandíbula un poco apretada y mi estado de ánimo vagamente resentido.

Lo que realmente quería hacer, después de dejar a mis hijos en la escuela, era sentarme durante una hora y escribir un capítulo del libro que había tratado de escribir desde que tengo memoria. Lo que tenía que hacer era correr a casa enseguida y completar las tareas antes de salir a trabajar, dando clases de tenis el resto de la tarde.

Otro día reconocí el «En todas partes y en ninguna» en el rostro de mi amigo Simon. Estábamos cambiándonos para una clase de artes marciales matutina, y él no parecía el mismo. Su rostro estaba tenso por la preocupación y sus ojos estaban cansados, tenía ojeras. Con la cabeza entre las manos, admitió que estaba llegando al límite. No podía soportar sus largas jornadas laborales. Se sentía culpable por sus sentimientos porque acababa de conseguir el trabajo de sus sueños. Una gran firma le había ofrecido un puesto interesante en la empresa, pero la novedad ya se estaba desvaneciendo.

Simon no había anticipado que las horas de trabajo extendidas que vinieron con su ascenso serían tan sofocantes. Mientras celebraba que le ofrecieran su nuevo puesto y aseguraba el siguiente escalón de éxito en la escala profesional, se había dicho a sí mismo que estaría bien y que se asentaría en los nuevos desafíos. Además, debería estar feliz por la abundancia y la oportunidad que acababa de encontrar, ¿no?

Pues no. No se las arreglaba y se sentía culpable por quejarse.

Sheba trabaja en nuestro pequeño supermercado local. Recientemente se graduó de la universidad con una licenciatura en química. Sheba tiene una sonrisa cálida, le gusta charlar con los clientes y estaba emocionada de contarnos a mi esposa y a mí detalles de su último éxito académico, mientras reponía los productos de los estantes y comprábamos comestibles a su alrededor.

Naturalmente, surgió la pregunta de qué quería hacer ahora que se había graduado. Fue entonces cuando vi el «En todas partes y en ninguna» en ella. Fue algo triste verlo en alguien no mucho mayor que mi propia hija.

La sonrisa de Sheba se desvaneció un poco cuando admitió que no sabía lo que quería hacer y que tendría que seguir reponiendo productos en los estantes hasta que lo decidiera; sus padres habían insistido. Cuando le pregunté qué le encantaría hacer si no necesitara el dinero, dijo que solo quería cantar.

Muchos de nosotros podemos relacionarnos con esta tensión sutil siempre presente. Tiene muchas causas, pero casi siempre el trabajo, el dinero, la responsabilidad y los sueños incumplidos, hasta cierto punto, están involucrados. Sin embargo, seguimos adelante independientemente, ya sea ignorando o negando el problema o simplemente estando demasiado ocupados para darnos cuenta.

El «En todas partes y en ninguna» es sutil pero insidioso. Con el tiempo, tu presión interna se extenderá y te afectará la salud, las relaciones y la calidad de vida. En el Reino Unido, en 2016, algo más de 107.000 parejas se divorciaron, un incremento del 5,8 % sobre el año anterior.[1] Históricamente, según la Oficina Nacional de Estadística, muchas peticiones de divorcio vienen el primer lunes después de Año Nuevo (apodado por los abogados «día del divorcio»), comúnmente como resultado de preocupaciones sobre el dinero. La Navidad, destinada

---

1. «Divorces in England and Wales, 2006» (Divorcios en Inglaterra y Gales, 2016). Oficina Nacional de Estadística. https://www.ons.gov.uk/peoplepopulationandcommunity/birthsdeathsandmarriages/divorce/bulletins/divorcesinenglandandwales/2016

a ser una época tan feliz, también puede provocar una gran tensión, y es probable que las relaciones que ya mostraban grietas se derrumben bajo la presión y los gastos adicionales que conlleva. El matrimonio no es la única víctima del estrés monetario. La salud es otra.

Emma, madre de tres hijos, admite que después de su divorcio, el enorme estrés financiero no tardó en afectar su salud y bienestar.

«Desde el divorcio me he vuelto completamente insomne», dice. «Estoy muy preocupada por cómo voy a mantener un techo sobre las cabezas de mis hijos. Los antidepresivos que me ha recetado el médico me han hecho subir mucho de peso y me duelen la espalda y las rodillas, incluso se me cae el pelo. Ya no me siento bien y cada vez soy más reacia a salir de casa.»

La tragedia de la historia de Emma es que no es única, ni mucho menos.

El Dr. Zoltán Sarnyai, director del Laboratorio de Neurociencia Psiquiátrica de la Universidad James Cook en Australia, explica que el estrés, ya sea causado por el dinero u otros factores, afecta nuestra salud al liberar una cascada de sustancias químicas potentes, como la adrenalina y el cortisol, que aumentan nuestra frecuencia cardíaca y merman nuestro sistema inmunológico. Evolucionados durante millones de años, son productos químicos beneficiosos en pequeñas dosis, ya que ayudan a alimentar un cuerpo que podría necesitar escapar o enfrentarse a un peligro inmediato.

Sin embargo, se vuelven contraproducentes a largo plazo.

«Estos productos químicos son muy poderosos y deben desaparecer una vez que la amenaza [inmediata] [de peligro] haya pasado; de lo contrario, dañan el cuerpo y el cerebro», explica Sarnyai.

Lo que Sarnyai está describiendo es la biología que hay detrás de la sensación de «En todas partes y en ninguna» y cómo nos perjudica. Demasiado estrés inadecuado nos hace vulnerables a las infecciones, al aumento de peso y a la depresión, así como a enfermedades crónicas como la diabetes tipo 2 y el cáncer. Si no cambiamos nuestra forma de vida, aumentamos considerablemente el riesgo de contraer alguna de estas enfermedades.

Más allá de los problemas de salud, la insatisfacción y el divorcio, las preocupaciones económicas pueden tener un costo aún mayor.

El 6 de enero de 2014, solo dos años después de convertirse en abuela, la madre de Ashley Eneriz decidió lanzarse en su automóvil por un acantilado de 120 metros de altura hasta su muerte. No fue su primer intento de suicidio, explicó Ashley, y hubo varios factores que contribuyeron a esta decisión final, pero el más frecuente fue el dinero. La madre de Ashley se había visto atrapada en un círculo vicioso descendente de deudas. Y solo vio una salida.

Según el *British Journal of Psychiatry*, hubo más de 10.000 «suicidios económicos» en el pico de la recesión financiera británica entre 2008 y 2010.[2] Estos hallazgos angustiantes se repiten en un artículo en el *American Journal of Preventive*

---

2. «Recession linked to over 10,000 suicides across Europe, North America» (Recesión vinculada a más de 10.000 suicidios en Europa y América del Norte). *British Journal of Psychiatry*, 2014. https://www.sciencedaily.com/releases/2014/06/140612085801.htm

Medicine, que informó que durante los últimos quince años, el estrés financiero ha llevado a un aumento en las tasas de suicidio entre las personas de 40 a 64 años.[3]

Bob, un viejo amigo de la familia, siempre fue el alma de las reuniones sociales. No es que fuera ruidoso o bullicioso, sino todo lo contrario. Sus modales suaves y su sonrisa cálida y genuina te proporcionaban un respiro del ruido y el bullicio. Era como el Buda de la fiesta.

Fue una gran sorpresa saber por su angustiada esposa que Bob fue atrapado y se ahogó en la espiral del dinero.

Bob tenía un buen puesto en una empresa de tecnología informática con sede en las afueras de Londres. Tras el nacimiento de su segunda hija, decidió tomarse un «permiso de paternidad» para disfrutar de su nueva hija y reevaluar su vida. El nacimiento de un niño, especialmente si eres testigo del parto, a menudo puede ser un catalizador para la reorientación de la vida.

A medida que Sophie, el bebé, creció, la vida en el hogar familiar volvió a la normalidad y la esposa de Bob, naturalmente, comenzó a preguntarle sobre su regreso al trabajo. Había llegado el momento de pagar las facturas.

Renovado después de su descanso y del nacimiento de Sophie, Bob se vistió para ir al trabajo, tomó su maletín y regresó a la oficina. O eso pensaba su esposa.

Seis meses después, la esposa de Bob admitió entre lágrimas al otro lado del teléfono: «No iba a trabajar en absoluto.

---

3. Hempstead K. A., Phillips J. A.: «Rising suicide among adults aged 40–64 years: The role of job and financial circumstances» (Aumento del suicidio entre adultos de 40 a 64 años: el papel del trabajo y las circunstancias financieras). *American Journal of Preventative Medicine* 48(5):491–500, 2015.

Nos besaba a todos, salía de casa y regresaba a la hora de cenar, me contaba su día y preguntaba por el nuestro. No pensé en ello hasta que abrí un par de cartas de pagos atrasados del banco y de las empresas de servicios públicos. Entonces comencé a pensar que algo no iba bien. Bob parecía demacrado y siempre estaba cansado y demasiado irritable con los niños. Cuando comencé a oler alcohol en su aliento supe que estaba pasando algo más serio».

Bob nunca había regresado al trabajo. Había disfrutado de su tiempo libre con su familia en crecimiento y le había devuelto el significado y el contexto a su vida.

Bob no es un hombre religioso, aunque se crio como católico, pero se refiere a sí mismo como un hombre espiritual, ya que siempre ha reflexionado sobre las grandes preguntas de la vida: ¿por qué estamos aquí? ¿A dónde vamos? ¿Qué deberíamos estar haciendo con nuestras vidas mientras tanto?

Cuando llegó el momento de volver al trabajo, no pudo hacerlo. «Era como si hubiera visto detrás de la cortina», me dijo Bob. «El nacimiento de Sophie me hizo ver, incluso más que con Enzo [su primer hijo], que la vida es mucho más que ir a trabajar y pagar facturas, la vida que "se supone" que debemos llevar. No quería seguir con aquello.»

Sin embargo, en lugar de hablar con su esposa sobre cómo se sentía, Bob decidió fingir que estaba trabajando hasta que pudiera encontrar una manera de cumplir con sus obligaciones financieras y vivir la vida que amaba. Ahora se da cuenta de que fue un error. Mientras la ilusión continuaba, las facturas impagadas y las deudas aumentaron y Bob me dijo que consideró, fugazmente, el suicidio. En cambio, se dio a la bebida para adormecer temporalmente el dolor en lugar de terminar con el problema de forma permanente.

Por suerte, unos parientes lejanos de Bob le brindaron amor, apoyo y dinero para que él pudiera dejar ese hábito. Sin embargo, Bob todavía debía elegir si agarrar la cuerda, y fue su creencia subyacente de que hay algo más en la vida lo que finalmente le hizo extender la mano.

Desafortunadamente, ninguna de estas historias es particularmente inusual. A cierto nivel, sabemos que trabajar para pagar las facturas mata no solo nuestra motivación, sino también nuestro cuerpo, mente y alma, pero ¿qué debemos hacer? Las deudas deben pagarse. Debemos mantenernos atentos al dinero, nos guste o no. Debemos sacrificar nuestros ideales para sobrevivir en la vida y en los tiempos en los que nos encontramos.

¿O no debemos?

Es fácil hacer suposiciones sobre el mundo: trabajar duro por dinero es una de ellas. Pero lo que tenemos ante nuestros ojos, las «verdades» por las que vivimos todos los días, no siempre son lo que parecen.

Seis personas, tres con camisetas negras y tres con blancas, se mueven en un pequeño grupo pasándose dos pelotas de baloncesto entre ellas. La instrucción para los espectadores del vídeo en el que aparecen es contar el número de veces que los jugadores vestidos de blanco se pasan la pelota. «La respuesta correcta es quince», nos dice el narrador, «pero ¿has visto al gorila?».

Si nunca has visto esta ahora infame prueba de «atención selectiva» de los estudiantes de Harvard Christopher Chabris y Daniel Simons, entonces debes hacerlo. (Debo confesar que estoy a punto de arruinar el efecto al revelar los resultados aquí; así que, Christopher y Daniel, lo siento.)[4]

La mayoría de las personas jadean de manera audible, como yo: «¿Qué gorila?» Cuando se reproduce el vídeo, esta vez a cámara lenta, una persona disfrazada de gorila camina directamente hacia el centro del grupo de jugadores, se golpea el pecho y sale del encuadre de la cámara.

La conclusión del experimento es que cuando nos concentramos en una cosa (en este caso en contar los pases entre los que llevan camiseta blanca), a menudo nos quedamos ciegos ante otras cosas, incluso escandalosamente obvias.

Y así es como vivimos nuestra vida diaria. Nos hemos centrado durante tanto tiempo en los mantras que nos han transmitido nuestros padres y la sociedad —estudiar mucho, conseguir un buen trabajo, ahorrar y formar una familia— que nos hemos vuelto ciegos a otras formas de ser.

En el budismo, las creencias que conducen al dolor y a las dificultades se denominan simplemente «ignorancia». La mayoría acepta fácilmente que comprometerse con un trabajo sobre el que se es ambivalente, simplemente para ganar dinero, no es sabio. En el mejor de los casos, causa aburrimiento e insatisfacción y, en el peor, depresión y ansiedad, lo que puede llevar al divorcio, a una mala salud e incluso al suicidio. Sin embargo, ¿qué vamos a hacer? ¿Cómo podemos pasar de la

---

4. Como compensación, señalaré a los lectores otro de los experimentos igualmente interesantes de Chabris y Simons, «La ilusión del negocio de los monos». Y prometo no arruinarlo.

«ignorancia» a un punto de vista más «ilustrado»? Lo hacemos identificando «al gorila entre nosotros» y luego desafiándolo.

Como he mencionado en la introducción, muchas de las herramientas que utilizaremos para crear una vida mejorada por un trabajo significativo y rentable se derivan de mis experiencias con el budismo. No son herramientas exclusivamente budistas, solo metodologías sensatas y de sentido común que también utilizan los budistas. Una de estas herramientas es el debate.

En sus inicios hace más de 2.000 años, el budismo tuvo que entablar un debate para defender y explicar su posición en medio de la miríada de religiones que había en la India en ese momento. El debate se valoraba tanto que si no podías defender tu posición y perdías el debate, te veías obligado a convertirte a la opinión de tu oponente.

Esta actitud de «cuestionarlo todo» es una de las fortalezas únicas del budismo hasta el día de hoy y algo que todos podemos utilizar en nuestro beneficio. Significa que no tenemos que seguir ciegamente doctrinas de religión, ciencia, filosofía o modas *new age*, ninguna de las cuales tiene el monopolio de la «verdad última». En cambio, podemos formarnos nuestra propia visión de la vida basándonos en nuestros hallazgos únicos.

Con esto en mente, el objetivo de este primer capítulo ha sido ayudarte a ver que tu actitud de «el dinero es lo primero» te causa dolor. Te he mostrado que hay un gorila en la habitación y que no eres el único que no lo detecta. Mi siguiente tarea es identificar las raíces del sistema de creencias que causa el dolor, para que podamos cuestionar su validez.

Una vez que te hayas liberado del dominio absoluto de la creencia de que «el dinero es lo primero», estarás mejor motivado y más abierto a nuevas formas de ser; formas que pueden llevarte a una vida laboral que te apasione y que también paga las facturas.

Pasemos al capítulo siguiente para descubrir cómo surgió el concepto de dinero.

EL DINERO HACE
QUE EL MUNDO GIRE

El paradigma de
«el dinero es lo primero»

¿Cómo el dinero y todas las preocupaciones que vienen con él llegan a ser tan fundamentales en nuestras vidas? ¿Siempre fue así? ¿Es esta la única relación que podemos tener con el dinero? Algunos paradigmas están tan bien establecidos dentro de las sociedades que se convierten en «hechos» aceptados cuando, en realidad, son poco más que creencias indiscutibles. El paradigma de «el dinero hace que el mundo gire» es un ejemplo.

Es un paradigma que nos lleva a priorizar la acumulación de dinero para que podamos hacer frente a nuestros sueños y deseos. Sin dinero, creemos, nuestros objetivos permanecerán sin realizar, abandonados entre nuestros oídos como pensamientos, poco más que esperanzas. Por eso tantas personas permanecen en trabajos que no les importan. Nuestro futuro está a merced de nuestras cuentas bancarias.

En cualquier relación tóxica, ambas partes son responsables de su propio papel y reacción, y la aceptación de esta verdad nos arma para abordar el problema. Al aceptar nuestra parte en la relación disfuncional entre nosotros y la industria del dinero, nos fortalece la realidad de que somos libres de investigar y elegir otras formas de pensar. Podemos alejarnos de la tiranía, aunque pueda resultar un desafío difícil.

Los primeros días

Desde que surgió como una idea hace unos 11.000 años, el dinero se ha transformado, indiscutiblemente, en una «cosa» tan real como una mesa o una silla. Pero no siempre ha sido así. Entonces, ¿qué pasó antes del concepto de dinero?

Nuestros primeros antepasados cazadores-recolectores no solo sobrevivieron sin dinero, sino que se las arreglaron lo suficientemente bien como para convertirse en los humanos modernos que somos hoy. Los primeros humanos desarrollaron un conjunto variado de habilidades y talentos para satisfacer sus propias necesidades personales y las de su comunidad. Fue la naturaleza, con todas las presiones concomitantes sobre los humanos para sobrevivir, y no las demandas de un mercado comercial, lo que determinó lo que las personas necesitaban hacer para vivir y ver otro día. Se utilizaban «monedas invisibles» como la reciprocidad comunitaria y el intercambio de habilidades, no para obtener ganancias futuras, sino para la supervivencia inmediata tanto del individuo como de la comunidad.

La supervivencia y la seguridad están en la base de un modelo teórico llamado «jerarquía de necesidades» propuesto por

Abraham Maslow, uno de los psicólogos más influyentes del siglo XX. Maslow escribió sobre su modelo en 1943, como parte de un artículo académico titulado «Una teoría de la motivación humana».

La teoría describe cinco capas de necesidad, representadas como niveles que se elevan en una pirámide. En la base de la pirámide se encuentran las necesidades fisiológicas como el aire para respirar, el agua, la comida, el sueño, la ropa y el refugio. Más arriba en la pirámide tenemos las necesidades de seguridad: moral y salud familiar, protección del cuerpo, la propiedad y los recursos; seguidas de las necesidades emocionales y sociales: el amor y el sentido de pertenencia, la amistad, la familia y la intimidad sexual. Luego vienen las necesidades del yo: autoestima, confianza, logros, respeto por uno mismo y por los demás; y finalmente la autorrealización: moralidad, creatividad, espontaneidad, resolución de problemas y ausencia de prejuicios.

Nuestros primeros antepasados escalaron con éxito el modelo de «jerarquía de necesidades» sin depender del dinero. Y a medida que desarrollaron sus habilidades de supervivencia, las comunidades crecieron y más personas necesitaron cumplir con el modelo jerárquico de Maslow. Y a medida que aumentó la demanda de alimentos, refugio, seguridad y confianza, los proveedores de habilidades se convirtieron en especialistas.

Sin embargo, la naturaleza, y toda su imprevisibilidad, siempre permanecería al frente de la vida. En cualquier momento, el sutil acto de equilibrio necesario para mantenerse con vida podría verse afectado por un cambio en el clima, una plaga de insectos o una epidemia. Una sequía causaría un aumento en la demanda de buscadores de agua en la comunidad, mientras que aquellos que producen ropa de invierno podrían encontrarse repentinamente cruzados de brazos.

Del trueque al dinero

Los cambios en la disponibilidad, ya sea excedente o escasez, alteran la demanda. Y las crecientes complejidades provocadas por el aumento de la población engendraron el deseo de tener otros sistemas de comercio. Así nació el concepto de trueque.

El trueque solo puede funcionar con éxito si quienes lo realizan necesitan algo que otros tienen para ofrecer y, a su vez, tienen lo que otros requieren. Si, por ejemplo, un jardinero necesita unas nuevas botas de jardinería y el zapatero necesita recortar su seto, ambos están de enhorabuena. Sin embargo, si el zapatero tiene un patio pavimentado y prefiere un bote de ungüento de hierbas para sus manos agrietadas, el trato del trueque se vuelve más complejo: el jardinero y el zapatero deben buscar un herbolario que necesite sus habilidades. La solución a estas complejidades es el dinero.

Hagamos un recorrido por la historia cronológica del dinero para comprender mejor cómo llegamos a una actitud de «el dinero es lo primero».

- Los primeros registros muestran que en Egipto, alrededor de 9000 a. C., los primeros humanos intercambiaban bienes que necesitaban por productos que tenían en exceso. Los bienes no perecederos, como los cereales y el ganado, eran productos adecuados para el trueque.

- En 1100 a. C., en China, el bronce se utilizaba para fabricar esculturas en miniatura que se ofrecerían como moneda alternativa al trueque: era más fácil llevar pequeños objetos de bronce en el bolsillo que moverse con vacas o sacos de grano. Por la misma época, 1200 a. C., un refinamiento adicional hizo que estas esculturas se convirtieran en monedas redondeadas. En algunas regiones costeras alrededor del océano Índico, las comunidades utilizaron los caparazones de cauri local como otra forma de moneda.

- En 600 a. C., el rey Aliates de Lidia (actual Turquía) acuñó la primera moneda oficial, estandarizando así la moneda y facilitando el comercio exterior.

- En 1250 d. C., los florentinos, no queriendo ser superados por Lidia, acuñaron su propia moneda de oro, que se convirtió en la moneda aceptada en toda Europa.

- A medida que evolucionó el comercio, se inició la búsqueda de una solución al problema del transporte de moneda internacional, ya que enviar grandes cofres de plata y oro era engorroso y costoso. Suecia encontró la respuesta en el papel moneda en 1661, aunque se tardó algún tiempo para que eso se ganara una aceptación generalizada: los viejos hábitos tardan en morir y los piratas todavía prefieren sus cofres de botín.

- En 1860, la empresa estadounidense Western Union se estableció como líder del mercado en todas las cuestiones de dinero, y encabezó la utilización del dinero electrónico con la novedosa idea de transferirlo electrónicamente por telegrama.

- En 1946, el juego del dinero volvió a evolucionar cuando un empresario estadounidense, John Biggins, inventó la tarjeta de crédito al presentar su tarjeta «Charg-It».

- En 1999, los bancos europeos mantuvieron el progreso al ofrecer servicios bancarios por teléfono móvil y en 2002 entró en circulación una moneda europea común, el euro.

- En 2008, se introdujeron los pagos *contactless* en el Reino Unido por primera vez.

- A partir de 2014, aparecieron nuevas formas de moneda, algunas exitosas y prometedoras, otras meras modas o errores: criptomonedas como el bitcoin; sistemas de trueque modernos como Bartercard; versiones evolucionadas de la banca *contactless*, como Apple Pay y las pulseras portátiles.

En su libro *Sapiens: Una breve historia de la humanidad*, el profesor, autor e historiador Yuval Noah Harari escribe: «El dinero se creó muchas veces en muchos lugares. Su desarrollo no requirió avances tecnológicos: fue una revolución puramente mental. Implicó la creación de una nueva realidad intersubjetiva que existe únicamente en la imaginación compartida de las personas».[5]

Considera cuidadosamente la declaración de Harari. El dinero es una construcción mental, un acto de imaginación, una herramienta común de fantasía, creada para resolver los problemas incipientes de los primeros comerciantes. No es una ley o verdad universal. No es, como imaginamos, tan real como parece.

El dinero es un concepto fascinante. Ningún otro desarrollo en la historia, aparte de la religión, ha tenido una fuerza tan esclavizadora y controladora sobre los humanos. Sin embargo, el dinero no tiene valor material intrínseco; es simplemente una invención diseñada para representar lo abstracto e invisible como algo tangible y concreto.

Este sabio pasaje de los nativos americanos dice mucho sobre la ilusión del dinero: «Cuando se corte el último árbol, se capture el último pez y se contamine el último río; cuando respirar el aire sea repugnante, te darás cuenta, demasiado tarde, de que la riqueza no está en las cuentas bancarias y que no puedes comer dinero».

El juego de manos implicado en la invención del dinero que hace que algo parezca real cuando no lo es, solo pudo ocurrir al principio gracias a una cooperación voluntaria entre las partes, y solo persiste hoy debido a nuestro desconocimiento de los grilletes que el dinero pone alrededor de nuestros tobi-

---

5. Yuval Noah Harari: *Sapiens: Una breve historia de la humanidad*, Debate, Barcelona, 2015.

llos. A pesar de no tener un valor innato, cada día el dinero logra convertir «la tierra en lealtad, la justicia en salud y la violencia en conocimiento. Con el dinero como intermediario, dos personas pueden cooperar en cualquier proyecto», dice Harari. El dinero funciona porque estamos dispuestos a acordar el valor de un símbolo elegido (monedas, lingotes de plata, cigarrillos o lo que sea): una ilusión perpetuada por la confianza o la ignorancia deliberada, según el punto de vista.

Examina un billete de un dólar y verás las palabras «En Dios confiamos». En cambio, las palabras podrían ser: «En nuestros vecinos confiamos, para pagar el valor de este billete por bienes o servicios cuyo valor también hemos acordado». Demasiado locuaz. «Parece que en Dios confiamos» queda mejor.

La mención de Dios en los billetes plantea otra cuestión. La religión también es un concepto imaginado sin valor inherente. El valor se deriva de grupos que confían en la «historia» de los demás y están de acuerdo en lo que vale esa historia.

Debemos estar de acuerdo en que una tableta de chocolate cuesta 90 peniques, así como debemos aceptar que nuestra religión defiende la bondad y la erradicación del pecado. Somos los humanos, y nadie más, los que decidimos ambas cosas. No existen leyes universales específicas que rijan el costo de una tableta de chocolate o lo que constituye un comportamiento religioso correcto.

Aunque tanto la religión como el dinero carecen igualmente de valor innato, es el dinero el que ha ganado el juego de la aceptabilidad universal. Un musulmán no sería bienvenido a recitar el Corán durante el Padrenuestro, pero las donaciones al platillo de recolección son bienvenidas cualquiera que sea la creencia religiosa. Podemos rechazar una parte de la fantasía de una persona y al mismo tiempo abrazar la otra. «El dinero es el sistema de confianza mutua más universal y más eficiente jamás concebido», observa Harari.

El hecho de que las personas de todo el mundo puedan estar unidas por la confianza en la idea del dinero, pero divididas por las creencias religiosas, se debe a que, en última instancia, el dinero se intercambia por aquellos bienes y servicios que la naturaleza ha determinado que necesitamos para sobrevivir: las necesidades fisiológicas descritas por Maslow; mientras que podemos rechazar la ideología religiosa de alguien porque no es probable que nos mate (aunque su posterior decisión de convertirse en belicista sí podría afectarnos).

Dinero perezoso

Esta comprensión plantea otra idea que debemos explorar. Para ello, quiero que imagines un mundo apocalíptico. Todo el dinero se ha quemado y el humo se eleva desde el montón de cenizas hacia el cielo, que permanece tranquilo a pesar de la destrucción que ha habido en la tierra. El viento seguirá soplando y las lluvias vendrán, como siempre. La vida hará todo lo posible, como siempre, para superar a la muerte, y los leves movimientos en los arbustos circundantes sugieren que de hecho ha habido supervivientes.

Esos pocos supervivientes volverán como cazadores-recolectores. Ya no tendrán dinero, porque yace ardiendo en el montón de cenizas, y la infraestructura que sustentaba la riqueza se ha detenido. Sin embargo, sin todo eso, vivirán para ver otro día. ¿Cómo? Porque la naturaleza los tomará de la mano, como siempre lo ha hecho, y los llevará de regreso a su inherente impulso de supervivencia. Hay más en la vida que dinero.

Este ejemplo apocalíptico debería ayudarnos a mantener el dinero en perspectiva, pero no es un modo de pensar que muchos utilicen. En cambio, nos adentramos cada vez más en la madriguera del dinero. Nuestra dependencia cada vez mayor del dinero nos impide cuestionar su realidad, y es esta ceguera la que crea la rutina de nueve a cinco, de las facturas, los plazos y las ganancias materiales por encima y más allá de nuestras necesidades. Esta es una de las grandes causas del dolor que sentimos a través del «En todas partes y en ninguna».

Nuestra creencia en el dinero nos ha vuelto perezosos de muchas maneras. El dinero es solo un medio para obtener lo que necesitamos, pero no es el único medio para ese fin, y al depender únicamente del concepto de dinero, nuestra creatividad, fe y confianza en el valor de nuestras habilidades naturales y de las de nuestras comunidades interdependientes se han deteriorado por falta de uso.

Cuando creemos que el dinero es algo más importante que un símbolo conveniente de intercambio, podríamos, por ejemplo, encontrarnos dando sin pensar a una persona sin hogar una limosna improvisada de diez libras en lugar de tomarnos el tiempo para hablar con él: un ser humano comunicándose con otro, un acto simple pero poderoso a menudo pasado por alto por aquellos que piensan que el dinero es una panacea.

A medida que nuestra actitud habitual, indiscutida, de «el dinero es lo primero» se profundiza y se arraiga en la siguiente generación, no es raro que los niños crean que las frutas y las verduras que comen son producidas en el supermercado y no por los agricultores en los campos. ¡Esta disociación de la fuente pura de todo lo que el dinero compra sería graciosa si no fuera tan dolorosamente cierta! Y la disociación no se detiene ahí.

Una vez que aceptamos sin cuestionar la idea de que el dinero hace girar al mundo y que, con suficiente de él, nuestras vidas estarán completas, nos enfocaremos con determinación en la acumulación de riqueza. El dinero se convierte en nuestro amo, nuestro nuevo Dios y religión. Dejamos de mirar al cielo en busca de significado y respuestas a las preguntas de la vida. En cambio, buscamos dentro de la billetera. Dejamos de reunirnos con los amigos, familiares y comunidad para estar en comunión y reflexionar existencialmente, ya sea en un lugar de culto o no, y en lugar de eso, ampliamos nuestro horario de trabajo: después de todo, «abierto todo el fin de semana» es bueno para obtener más ganancias.

Cuando todo se derrumba y perdemos el dinero que hemos ganado o morimos antes de disfrutarlo, o de hecho nunca somos lo suficientemente afortunados como para disfrutar de la riqueza financiera, entonces nos sentimos completamente inútiles y desamparados.

Un número creciente de estudios vincula la pobreza con la esclavitud económica estratégica del capitalismo. Pero el capitalismo solo puede controlarnos si seguimos comprando la idea de que el dinero es el único creador y proveedor de nuestro futuro y el indicador más dominante de éxito.

La pobreza no es solo un problema de dinero: es un problema resultante de la falta de fe en nuestra creatividad y en nuestros recursos naturales y personales, que existían mucho antes que el dinero y que permanecerán mucho después.

Entonces, la pregunta es: si supieras que todas tus necesidades se cubrirían sin dinero, ¿cambiarías tu manera de vivir? Si supieras que tus deseos quedarían satisfechos de una forma u otra, independientemente del dinero, ¿te relajarías un poco más ante la vida? En este libro, sugeriré que esto puede suceder, y sucede.

Hace algunos años, me inspiré en el libro *One Red Paperclip*, escrito por Kyle MacDonald. MacDonald quería una casa. El problema era que no tenía trabajo y no tenía dinero. Según los valores monetarios modernos, Kyle MacDonald era «pobre».

El libro cuenta la historia de cómo comenzó con un clip rojo que sujetaba las páginas de su currículo y lo cambió por algo de un poco más de valor: un bolígrafo con forma de pez, que luego cambió por un pomo de puerta, y así siguió. Para abreviar una historia inspiradora, termina con una casa, todo obtenido de una serie de intercambios a partir de un clip rojo.

Su historia es un maravilloso ejemplo no solo de creatividad e ingenio humanos, sino también de las monedas invisibles que existen. Sin embargo, no se nos enseña sobre este tipo de monedas en nuestras escuelas, aunque hay muchas. Parte de la razón de esto radica en la dificultad de medirlas.

Tendemos a creer en lo que podemos ver, medir y probar: es una consecuencia del método científico que impregna nuestro mundo moderno. Si bien no estoy alentando el tipo de fe ignorante y ciega que puede conducir al culto extremista, sugeriría que no todas las cosas tienen que ser vistas para ser creídas. A veces puede que tengas que «creer antes de ver», por tomar prestada una línea del fallecido y gran escritor espiritual Dr. Wayne Dyer.

Aquí hay otro ejemplo de monedas invisibles en acción. El 14 de junio de 2017, salí de la ciudad de Nottingham muy temprano (4.30 a.m.) para evitar el tráfico en hora punta que pronto obstruiría las carreteras que conducen a Londres. Sin embargo, aquel demostraría ser más que un simple día de trabajo en la capital: fue un día que quedará marcado de manera indeleble en la memoria de las víctimas y de los testigos de uno de los peores desastres en el Reino Unido desde el Segunda Guerra Mundial: la tragedia del incendio de Grenfell.

Al acercarme a Londres por la autopista M1, me fijé en lo que primero pensé que eran nubes de tormenta: remolinos negros y grises que ensuciaban el cielo de la mañana, por lo demás perfectamente azul. Solo más tarde me di cuenta de que eran nubes de humo que aún se elevaban desde el bloque de pisos Grenfell que se había incendiado cinco horas antes.

Setenta y dos personas murieron y más de setenta resultaron heridas en el incendio. Las 223 personas que escaparon del incendio deberían reconstruir sus vidas en medio de la pérdida, el trauma y el dolor.

Muchos de los que habían vivido en la torre estaban en el extremo inferior del espectro de ingresos y toda su vida material se había quemado con sus pisos. Sin ingresos disponibles, ahorros o familiares cercanos, muchos de los residentes se preguntaban si las calles serían su próximo hogar.

Por muy trágico que sea el caso de Grenfell, también es indicativo de la esperanza, la fe, la comunidad, todas monedas invisibles, que a menudo se crean a partir de las llamas de la adversidad.

La academia de artes marciales donde hago ejercicio varias veces a la semana tiene vistas a la Torre Grenfell. Y en los días y semanas que siguieron al incendio, me conmovió extremadamente presenciar una muestra verdaderamente asombrosa de compasión y cooperación interdependiente para ayudar a las víctimas de Grenfell por parte de hombres y mujeres de todas las edades, razas, religiones y medios económicos.

Las donaciones de ropa, alimentos, artículos de higiene y de primera necesidad llenaron los centros de distribución improvisados; las personas ofrecían sus hogares a extraños; otras, mantas de punto y juguetes nuevos para niños; algunos grupos establecieron comedores de beneficencia; muchos otros ofrecieron amor, apoyo y un hombro sobre el que llorar. La comunidad se puso en acción, en beneficio de sus vecinos, muy por delante de las agencias gubernamentales que movilizan métodos de ayuda más formales.

Las personas locales dieron todo lo que pudieron: algunas dinero, la mayoría no. Abundaron las monedas invisibles.

Al pie de la torre, ahora irrevocablemente dañada por el humo, estaba el Dale Youth Boxing Club, un gimnasio de boxeo que había servido a la juventud de la comunidad durante casi veinte años. Si bien el gimnasio había generado algunas superestrellas del boxeo de alto nivel a lo largo de los años (James DeGale, George Groves y Daniel Dubois), su verdadero valor radicaba en las historias no contadas de jóvenes que había salvado a lo largo de los años del riesgo de caer en la delincuencia, con demasiada frecuencia algo muy propio de la vida en el centro de la ciudad.

La pérdida del gimnasio para la comunidad fue mayor de lo que el dinero podría medir, pero era dinero al fin y al cabo, y una gran cantidad, lo que se necesitaría para devolverles aquel activo vital. ¿Quién invertiría en un lugar así?

Las monedas invisibles no solo financian las cosas pequeñas como los jerséis de punto, las latas de comida, los edredones o las almohadas; las monedas invisibles también tienen suficiente peso para financiar grandes proyectos.

DIY SOS es un programa de televisión de la BBC en el que un equipo de constructores lleva a cabo un proyecto de construcción por una buena causa. Dependen únicamente del material donado por las empresas locales y del esfuerzo físico de los voluntarios de la comunidad circundante. En su proyecto más grande hasta la fecha, eligió la reconstrucción del gimnasio Dale Youth Boxing Club de Grenfell como un proyecto que valía la pena.

En un periódico local, el presentador de *DIY SOS*, Nick Knowles, calificó el proyecto del gimnasio de boxeo como el más ambicioso en la historia del programa. La construcción, que duró nueve semanas ininterrumpidas, costó más de dos millones de libras, provenientes de donaciones; todos, incluidos los supervivientes, al parecer, dudaban de que el poder de la moneda invisible pudiera alcanzar esos dos millones. Pero así fue, y el gimnasio ha sido reconstruido y equipado con un diseño de vanguardia, e incluye un nuevo centro comunitario y un espacio donde los residentes y supervivientes del incendio pueden ir a recibir asesoramiento si lo desean.

Sería fácil sugerir que el dinero no desempeña un papel importante en nuestro mundo; por supuesto que es importante, pero nuestra dependencia del dinero como único medio de intercambio es igualmente fácil y perezosa. Comunidad, ayuda y cooperación interdependientes, donaciones, inventos, creatividad y, sí, a veces, una mano divina que no podemos ver pero cuyo efecto podemos sentir, son todos tipos de moneda valiosos más allá del dinero en efectivo.

La trampa del tiempo y el dinero

Hay otro problema más con el paradigma de «el dinero es lo primero»: aunque en teoría el dinero es un recurso infinito, dependiendo del tamaño de tu imaginación y de las tácticas empleadas para hacerlo, la naturaleza siempre está ahí para poner un palo entre las ruedas. Y ese palo es el tiempo.

No importa lo muy concentrado que estés en la meta del dinero, no importa cuánto celebres tus ganancias, llores tus pérdidas y creas en tu papel como eje del mundo, hay una bomba de relojería esperando a explotar. Desde el momento en que nacemos estamos condenados a morir tarde o temprano. La naturaleza lo dice, y nadie ha demostrado que esté equivocada. El tiempo reemplaza todas las leyes monetarias artificiales simplemente parando el juego una vez que ha tenido suficiente.

Esta cuenta regresiva hasta nuestro final, sin embargo, parece haber acentuado nuestra obsesión por el dinero, en vez de ponerlo en perspectiva. En lugar de despertarnos y liberarnos de esta prisión conceptual que hemos construido a nuestro alrededor, nos esforzamos más en el juego e intentamos acumular más y más antes de que las campanas toquen a muerte. El dinero ya no es solo un medio para el objetivo final del intercambio por los bienes y los servicios esenciales que nos mantienen vivos, sino que se ha convertido tanto en el medio como en el fin. Hoy vivimos en un mundo donde el dinero genera dinero a través de la influencia de la industria bancaria (más acerca de esto en el próximo capítulo) y hemos permitido que el dinero se convierta en un indicativo de nuestro valor.

Pero ¿cuándo y por qué el dinero pasó de ser un medio extendido de trueque al enorme dolor de cabeza que es hoy en día? ¿Cuándo se convirtió en la misión principal de nuestras vidas, una misión que muchos de nosotros aceptamos sin cuestionar?

¿Cuándo nuestra autoestima y nuestro valor se volvieron tan inextricablemente vinculados al dinero? Es difícil saberlo con certeza, pero me gustaría sugerir que fue el momento en que comenzamos a equiparar el dinero con el poder.

Durante generaciones hemos visto al «rey en su casa de recuento, contando todo su dinero» y, naturalmente, si no de manera errónea, hemos asociado el dinero al poder. ¿Quién, después de todo, no quiere el poder, la energía que alimenta las habilidades de supervivencia del más apto? De hecho, ni el rey ni su dinero son la verdadera fuente de poder, para encontrarla debemos buscar en otra parte, y luego lo haremos. Su poder, como su dinero, es una ilusión. Ninguna cantidad de dinero puede otorgar poder natural a un rey, así como el estado alfa de una manada de lobos no puede ser adquirido por el más pequeño de la camada.

Pero hemos observado que el rey tiene todas las riquezas, todas las riquezas materiales, y el peso de un ejército para hacer cumplir su ley, y hemos asumido que el dinero es la clave del éxito. Este es el mayor malentendido del pensamiento humano.

Mientras algunos, hipnotizados por el oro reluciente de la corona del rey, nos metíamos de cabeza en la acumulación de riqueza para saciar nuestra sed de autoestima, otros astutos decidieron explotar y capitalizar nuestras inseguridades. Estos son los jugadores del juego del dinero. Es un juego donde el ganador ha acumulado más. Un juego en el que el campeón lo deciden, no los que marcan más goles u obtienen más puntos, sino los que obtienen más dinero. Son estas personas las que nos han llevado más adentro de la madriguera de las finanzas. Nos hemos enamorado de sus promesas, nos hemos acobardado por sus alardes y hemos sido engañados por su letra pequeña. Son los banqueros, ese grupo amorfo que nos mueve como a peones y son recompensados por nuestras pérdidas.

Cualquiera que sea nuestro impulso personal para ganar más dinero, debemos considerar el comportamiento de estos magos de la moneda para que podamos comprender mejor cómo nos quedamos atrapados en su juego. Solo entonces podremos considerar cómo liberarnos de sus cadenas, vivir de manera autónoma y crear un futuro de nuestra propia creación.

DINERO Y SECTOR BANCARIO

«*Consigue tu dinero por nada,*
consigue tus chicas por nada».

Dire Straits, *Money for nothing*

A los humanos les gusta traspasar los límites, es uno de los beneficios de una conciencia evolucionada: la capacidad de autorreflexionar y esforzarse. Sin embargo, todo tiene un precio. Con la capacidad de desear lo que puedas esperar en pastos más verdes, surge el hábito de soñar con innumerables inventos para lograrlo, buenos o malos, amables o maliciosos. Nuestras hermosas mentes son un arma de doble filo que llevamos con nosotros a lo largo de nuestro tiempo en la tierra.

Cualquier padre puede dar fe de un momento en el que le ha dicho «no» a su hijo pequeño, para luego ver al niño castigado no solo continuar con el comportamiento prohibido, sino hacerlo mientras lo mira directamente a los ojos con una sonrisa irónica. La industria bancaria, a la que se refiere este capítulo, es otro «niño travieso», desobediente y que se salta las reglas.

La banca ha capitalizado nuestra falta de voluntad para desafiar el paradigma del dinero y ha construido una industria global tan poderosa que es difícil escapar aunque queramos. Es difícil, pero no imposible.

La banca es un juego. Es un juego de hacer dinero, dinero por dinero. Las tácticas y técnicas del sector bancario quedan fuera del alcance de este libro, principalmente porque no nos suscribimos a sus reglas. Baste decir que la banca es el mayor ilusionista.

En esencia, la banca es la práctica de ganar dinero vendiendo algo que no existe, que no tiene un valor inherente y ciertamente no nos ayudará a sobrevivir a nuestro hipotético apocalipsis.

Piensa en ello por un momento. Nada de la naturaleza se intercambia a través de la banca: nada tangible o real de todos modos. La industria está sostenida por la ilusión, un tipo de confianza perversa, y depende de que nadie cuestione la realidad. La mayoría de las veces, se necesita la sorpresa de una depresión económica para revelar la verdad detrás del juego.

Pero ¿cuándo comenzamos a tratar el dinero como una ley universal global? Michael Taylor es el «banquero anónimo».[6] A través de su sitio web, Taylor enseña a la gente cosas sobre el dinero y las finanzas y les muestra cómo ver a través de la cortina de humo de la lengua vernácula secreta y confusa del sector financiero. Taylor se convirtió en un banquero estadounidense de altos vuelos después de graduarse en Harvard. Como

---

6. Michael Taylor: *Bankers Anonymous*, https://www.bankersanonymous. com/about/

muchos otros en la industria, ascendió de rango gracias al estudio, el trabajo duro, la ambición competitiva y una pizca de serendipia. Enumera la gestión de una sociedad limitada de inversión privada y la venta de bonos en los departamentos de hipotecas y mercados emergentes de Goldman Sachs entre sus logros en el juego del dinero.

El «En todas partes y en ninguna» molestó a Taylor hasta que se vio obligado a hacer un cambio. A pesar de su éxito en el sector financiero, lo dejó para enseñar.

«No soy realmente anónimo, simplemente me gustó la idea temática de "estar sobrio" sobre el dinero y las finanzas», dice Taylor. «Fundé Bankers Anonymous porque, como banquero en recuperación, creo que la brecha entre el mundo financiero, tal como lo conozco, y el discurso público sobre las finanzas es más que un problema para una familia que intenta equilibrar su economía o para los políticos que intentan sumar puntos sobre el presupuesto del próximo año, es una debilidad de nuestra sociedad civil».

Le pregunté a Taylor cuándo y cómo pensaba que el cambio había significado la conversión del dinero como un medio para un fin (mis dos pollos a cambio de tu fardo de paja), a ser tanto el medio como el fin.

«Esa es una gran pregunta y no tengo ninguna respuesta formulada», admite, «pero me hace pensar en algo que le estaba leyendo anoche a mi hija de ocho años, del libro *La casa de la pradera*. En el capítulo que estamos leyendo, los personajes están en la pradera; probablemente se encuentren entre 450 y 100 kilómetros de cualquier otro colono descendiente de europeos. Puede que haya indios en la zona, pero no lo saben. Y hay una descripción encantadora, en realidad es bastante meditativa, de los pájaros, los pastos, los animales y las estrellas. El resto del capítulo es esencialmente meditaciones sobre cómo lavar las enaguas y preparar y calentar la comida en el fuego. Pero no hay dinero a la vista: ¿a quién le comprarías? No tienen nada con que comerciar... pero sobreviven y sobreviven bien. Van a buscar agua y lavan su ropa río arriba, cazan y comen los conejos de la pradera y utilizan sus pieles para mantenerse calientes, y juegan entre la hierba alta y luego la cosechan para hacer paja. Entonces, en respuesta a tu pregunta, tan recientemente como en el siglo XIX, al menos en este relato semificticio, era posible sobrevivir sin dinero.»

Dos pensamientos

Considerando además la cuestión de cuándo y por qué el dinero se convirtió tanto en el medio como en el fin, mi conversación con Taylor pasó de la literatura a la historia. «Pensando en ello», dijo, «sospecho que en realidad la necesidad de dinero y la acumulación de dinero excedente proviene del soberano y sus demandas tributarias, por las que el pueblo debe pagar una deuda a una autoridad centralizada».

Taylor domina el tema: desde que comenzaron los registros, los líderes, soberanos, zares, sogunes, jefes tribales y todo tipo de jefes de gobierno han exigido impuestos.

En el mejor de los casos, la devolución al contribuyente a menudo era poco más que un gesto simbólico de reciprocidad, de menor valor, valor ilusorio o sin valor en absoluto. Los líderes más atroces se saltaban dicha pretensión por completo y simplemente recibían impuestos a cambio de la vida del contribuyente. Los líderes un poco más políticamente correctos, para guardar las apariencias, utilizaban los beneficios fiscales como «protección», o prometían mantener al pagador en un «alto favor» con el gobierno, u ofrecer otros beneficios igualmente vacíos.

No es descabellado sugerir que estas primeras actitudes hacia los impuestos han allanado el camino para el juego del dinero que vemos hoy en los sectores bancarios globales y en el sector de los seguros.

Selina Lamy ha trabajado en Citibank durante más de quince años y conoce bien el mundo de las finanzas. Le hice a Selina la misma pregunta que a Taylor: ¿por qué la banca se convirtió en el juego que es hoy?

«Por simple avaricia», admitió finalmente, después de tomarse un tiempo para buscar una palabra menos condenatoria. Información de una persona con información privilegiada.

Ya sea para romper el récord de los cien metros lisos, caminar sobre la luna, dividir el átomo o ganar un millón de euros, a los humanos les encanta esforzarse y mejorar. Nos encanta jugar y, si es posible, ganar.

El juego del dinero tiene que ver con el amor por acumular riquezas. Ya no es simplemente el medio para la provisión de cosas que Maslow describió en su pirámide de necesidades. En sí misma, esta idea no es problemática. Participar en un juego, sea cual sea el premio final, es una prerrogativa de todo ser humano. Solo se convierte en un problema si afecta a quienes no eligen jugar, o peor aún, a quienes no saben que están jugando.

La cabeza de Arnold Schwarzenegger sobre las orugas de un tanque en miniatura, advirtiendo a los compradores que no se pierdan la fecha límite de compensación de los PPI, bien podrían ser los 60 segundos más extraños de publicidad televisiva británica jamás filmados. Pero su emisión en la televisión en horario de máxima audiencia es un testimonio de cuántas personas «normales» se vieron afectadas sin saberlo por el escándalo del seguro PPI.

El PPI (Payment Protection Insurance) es un seguro de protección de pagos. Desde la década de 1990, los bancos han vendido este tipo de pólizas de seguro junto con hipotecas, préstamos y tarjetas de crédito. Fueron diseñados para reembolsar los préstamos de las personas en situaciones en las que ya no podían mantener los reembolsos: por pérdida de empleo, enfermedad u otras circunstancias inevitables. Sobre el papel, el concepto de PPI parecía sensato y justo, la realidad fue menos altruista.

En 2004, *The Guardian* reveló que muchos bancos estaban devolviendo solo el 15 % de la reclamación de los PPI a los reclamantes, lo que hacía que los PPI fueran más lucrativos para los bancos que los seguros de automóvil y hogar.[7] Con esto en mente, los bancos buscaron las ventas agresivamente.

En 2008, el escándalo de los PPI se intensificó después de que la revista para consumidores *Which?* informara que a uno de cada tres clientes de PPI se les había vendido un seguro «sin

---

7. «How the PPI Scandal Unfolded», *The Guardian*, 2011. https://www. theguardian.com/business/2011/may/05/how-ppi-scandal-unfolded

valor». Los consumidores habían sido peones en un juego bancario derrochador, pero rentable, del que no sabían nada. La mayoría de las personas tenían muy poca idea de que incluso estaban comprando un PPI, y aún menos sabían que tenían alguna opción al respecto.

Detrás de la cortina

Vestidos con monos blancos y zapatillas deportivas blancas recién estrenadas, tres hombres conducen una plataforma elevada hacia la Gran Muralla China. Sobre la plataforma está el marco de una gran caja de metal, con escaleras que conducen al suelo. Un hombre alto y apuesto, todo vestido de negro, excepto por una toalla blanca que le rodea los hombros, sube lenta y deliberadamente los escalones y entra en el palco. Extiende la mano para tocar la Gran Muralla, como si acariciara un amor de mucho tiempo que no había visto en años, y siente las piedras gigantes en la punta de sus dedos. Mientras toca la pared, los hombres de blanco se unen a él en la plataforma y dos de ellos desenrollan telas blancas para crear cortinas para la caja de metal, mientras que el tercero, una vez que las cortinas están completamente aseguradas en su lugar, enciende un foco para revelar la silueta del hombre de negro.

Ese hombre era David Copperfield, el ilusionista de fama mundial de la década de 1980, y estaba a punto de atravesar la Gran Muralla China.

Recuerdo estar sentado frente al televisor con mi familia, hechizado por aquella aparentemente imposible hazaña de magia.

Copperfield, que ahora tiene sesenta y tantos años, sigue cautivando al público con su espectáculo en un teatro de un hotel de Las Vegas. La gente acude en masa para ver sus ilusiones, y aunque conocen muy bien el juego de manos que implica, suspenden su incredulidad para entretenerse. Es un rasgo humano: emplear la ceguera voluntaria si, de una forma u otra, nos es útil de algún modo.

La salida del hotel, siguiendo el espectáculo de Copperfield (elegida estratégicamente por los diseñadores y propietarios del hotel, no por el propio Copperfield, supongo), traza un recorrido más allá de las luces brillantes de las máquinas tragamonedas, las ruedas giratorias de las mesas de ruleta y las encantadoras sonrisas de los hombres y mujeres que esperan a servirte. A esta guarida de la iniquidad, la gente común acude en masa y suspende su sentido común para participar, como en trance, en el juego del juego.

Todos utilizamos la ceguera intencionada en todo tipo de circunstancias, sobre todo en lo que respecta a nuestras finanzas. En el caso de los PPI y otros tipos de seguros, la motivación de nuestra ceguera es el miedo a un futuro incierto; con el juego pasa lo mismo, pero teñido de un tipo perverso de esperanza, de que el futuro sea más brillante. Ambos estados mentales, el miedo y la esperanza, a menudo nos impiden buscar detrás de la cortina la verdad de la realidad que está más allá de nuestra vista.

Sin embargo, nuestras vidas financieras no son un juego. Nuestra ceguera nos afecta y nuestra ignorancia deliberada nos arruina financiera, mental, emocional, física y espiritualmente.

Es nuestra responsabilidad mirar detrás de la cortina, cuestionar la realidad y comenzar a jugar con un nuevo conjunto de reglas; reglas que cuentan a nuestro favor. Espero que estos primeros capítulos te ayuden a asumir esta responsabilidad.

Excedente y mundo natural

En el mundo natural, las reglas del artificio nunca pueden ser nuestras salvadoras, porque allí no funcionan. La naturaleza tiene su propio conjunto inevitable de reglas y pautas. Mi esposa es sudafricana. Le encanta recordar las vacaciones de campamento de la infancia con su familia en la vecina Botsuana. Recuerda haber ayudado a cargar hasta el techo un viejo Land Rover verde del ejército con equipo de campamento; suficiente para que ella y su familia sobrevivieran durante tres semanas en la selva de Botsuana. Le brillan los ojos cuando recuerda haber mirado las estrellas con una fogata crepitando cerca. Aunque hoy en día Botsuana está más desarrollada y visitada por turistas que en los días de las vacaciones de mi esposa en la década de 1970, sigue siendo uno de los últimos bastiones de naturaleza virgen que quedan en África. Como londinense, estaba asombrado cuando me acogió por primera vez. Por fin, entendí lo que quería decir cuando se refería a esa «sensación de grandeza que solo se experimenta en la selva».

Fue en Botsuana donde vi por primera vez leones en la naturaleza, en lugar de en un libro de imágenes o detrás de las paredes de vidrio del zoológico de Londres. Hay algo trascendente en la naturaleza, en particular la esencia cruda (con todos los juegos de palabras) sin filtrar de un depredador como un león.

Puedes sentir el rugido gutural de un león en lo profundo de la boca del estómago, y cómo activa el instinto de supervivencia en el cerebro que está entrelazado en el ADN heredado de nuestros antepasados cazadores-recolectores. El rugido de un león te vuelve a poner rápidamente en contacto con las leyes de la naturaleza.

Dos cosas me llaman la atención cada vez que visito la selva de Botsuana: lo superfluo que es el mundo no natural y cómo la naturaleza no se excede. No trabaja más duro de lo necesario; los árboles no se enfocan en crecer, las flores no establecen objetivos ambiciosos y las bandadas de estorninos no se reúnen regularmente para discutir tácticas y entrenarse en las complejidades del vuelo artístico.

La naturaleza no es codiciosa. Si bien hay excepciones a todas las reglas, en su mayoría, la naturaleza no toma ni da más de lo necesario.

En esta etapa es importante reconocer el fenómeno conocido como «síndrome del gallinero». Es un término inventado por el biólogo holandés Hans Kruuk después de estudiar hienas en África y zorros rojos en Inglaterra.[8]

Kruuk observó que algunos animales de hecho tienen comportamientos de exceso de matanza —o matanza o depredación excedente, es decir, que matan a un número mayor de presas que las que necesitan estrictamente para alimentar-

---

8. Hans Kruuk, «Surplus Killing by Carnivores», *Journal of Zoology*, vol. 166, n.º 2, febrero de 1972. https://doi.org/10.1111/j.1469-7998.1972.tb04087.x

se—, entre ellos el zooplancton, las libélulas, las arañas depredadoras, las martas, las comadrejas, los rateles, los lobos, las orcas, los zorros rojos, los leopardos, los leones, las hienas manchadas, los osos pardos, los osos negros americanos, los osos polares, los coyotes, los linces, los visones, los mapaches, los perros, los gatos domésticos y, por supuesto, los humanos.

La cuestión, entonces, no es tanto si existe un comportamiento impulsado por el excedente tanto en el mundo natural como en el humano, sino sobre la motivación y los grados de dicho comportamiento.

Incluso en los casos en los que el almacenamiento de alimentos a largo plazo no era la motivación, los investigadores de Kruuk descubrieron que la matanza excedente seguía desempeñando un papel en términos de supervivencia continua; tales como procurar comida para la descendencia o adquirir, o enseñar, valiosas habilidades para matar.

Sería ingenuo sugerir que solo los humanos violan las leyes naturales del mundo. ¡He sido testigo, de primera mano, de un elefante joven que golpea deliberadamente un árbol hasta romperlo en pedazos, como dijo el guía de vida silvestre, «por el placer de hacerlo»! Pero somos los humanos, con nuestra incesante necesidad de tener cada vez más, los que hemos ampliado los límites y hemos llevado al planeta al borde de la extinción. Es el rasgo exclusivamente humano de atribuir la autoestima al dinero lo que ha alimentado el deseo de un crecimiento sin fin.

Aparte de la codicia, otra motivación para la acumulación de dinero más allá de nuestras necesidades directas y obvias es el miedo. La frase «ahorrar para las épocas de vacas flacas» revela todo lo que necesitamos saber sobre el miedo y el dinero, nuestra ansiedad tácita, pero principal, de que en algún momento futuro no habrá suficiente para satisfacer nuestros requisitos, por lo que deberíamos acumular más de lo que necesitamos ahora mismo, por si acaso.

Los ahorros, los bonos, las pensiones y cosas por el estilo están teñidos de la amenaza de quedarnos sin dinero y, al menos en la superficie, parecen inversiones bastante buenas. Enseñamos a nuestros hijos a ahorrar en lugar de desperdiciar y a hacer un presupuesto en lugar de desperdiciarlo todo. Si bien es sensato, vivir una vida con un telón de fondo sutil de miedo no es nada inspirador, y aunque la gente ha acumulado y ahorrado durante generaciones, no es un proceso natural, ni, diría yo, feliz.

Volviendo una vez más a nuestra pregunta hipotética del capítulo anterior: si supieras que todas tus necesidades serían satisfechas, siempre que las necesitaras, ¿desperdiciarías tu vida persiguiendo dinero? ¿Quién, sin embargo, o qué cubriría tus necesidades? Es hora de buscar la fuente de estos abundantes dones naturales representados en los capítulos de *La casa de la pradera* que Michael Taylor le lee a su hija.

PARTE II

EL CAMINO DEL SIGNIFICADO

LA BÚSQUEDA
DE SIGNIFICADO

Ahora que hemos visto detrás de la cortina que oculta la verdad sobre la naturaleza ilusoria del dinero, nuestra fe en su importancia que todo lo abarca puede comenzar a desestabilizarse. Bien. En ausencia de certeza, nos vemos obligados a buscar en otra parte un significado y una guía.

El sonido del silencio

Hay algo que está presente dentro de todos nosotros, aunque no siempre seamos conscientes de ello.

Podríamos sentirlo cuando estamos tumbados en un campo en una perezosa tarde de verano, mirando las nubes blancas que se transforman de una forma a otra; primero un corazón, luego una cabeza de jirafa, y si entrecerramos un ojo, podríamos distinguir una sección de la Torre Eiffel. O cuando miras fijamente una fogata, hipnotizado por las llamas, el estallido y el crepitar de la madera en llamas y las estelas de humo que se retuercen y giran. A veces podemos sentirlo mientras miramos al mar hacia el horizonte con la banda sonora natural de las olas rítmicas chocando contra la orilla.

Siempre está ahí, pero es en momentos sin distracciones, pensamientos y tareas que el sonido del silencio resuena más profundamente para nosotros. En esos momentos estamos experimentando lo «innombrable», la fuerza vital de nuestro núcleo, a partir de la cual se desarrollan las narrativas cotidianas de la humanidad.

Es el lienzo en blanco en nuestro centro que espera que pintemos sobre él lo que queramos imaginar. Es capaz de contener todas nuestras creaciones, buenas, malas e indiferentes, y se puede limpiar y volver a dibujar, o dejar y admirar. Es en esa fuente de toda la vida, una fuente por encima y más allá de las leyes de las finanzas, que sobreviviría a un apocalipsis, donde se pueden encontrar las respuestas a una existencia rica y significativa.

El significado de la vida

Desde los albores de los tiempos, los humanos han buscado el significado de la vida. No buscarlo es imposible. Es una cualidad de una conciencia evolucionada. Los humanos se hacen todo tipo de preguntas para comprender y confirmar su lugar en el orden de las cosas.

Es natural querer comprender y abrazar aquello con lo que sabemos, intuitivamente, que estamos conectados. Al mirar las estrellas nos hacemos las preguntas: ¿Por qué estamos aquí? ¿A dónde vamos después de morir? ¿Qué deberíamos estar haciendo mientras estamos aquí? ¿Quién tiene el control, nosotros o algo más? En un momento u otro, todos hemos reflexionado (o reflexionaremos) sobre este tipo de preguntas.

Con la búsqueda de significado vienen respuestas, ideas, teorías e hipótesis. Desde el comienzo de la historia estas ideas fueron recogidas y, en mayor o menor medida, sistematizadas para que pudieran ser enseñadas a las generaciones futuras.

Las historias contadas alrededor de la fogata se convirtieron en mitos y leyendas culturales, todas con lecciones para enseñar y aprender. Más tarde, a medida que evolucionaron el conocimiento, la percepción y las teorías, surgieron tres sistemas distintos de investigación, doctrina y educación: religión, filosofía y ciencia. Dentro de cada sistema, se formaron innumerables escuelas de pensamiento con sus propios puntos de vista, opiniones y hallazgos matizados sobre el tema central.

No importa cuán evolucionados o grandiosos se vuelvan estos sistemas, en última instancia, se basan en la búsqueda del significado de la vida; unidos por el misterio innombrable e insondable de todo ello.

Veamos brevemente los tres sistemas principales.

Religión

Todas las religiones, incluidas las principales como el cristianismo, el islam, el hinduismo, el budismo, el sijismo, el judaísmo, el confucianismo y el jainismo, defienden la creencia en un poder o poderes sobrenaturales (Dios, dioses, deidades

y similares), que consideran tanto creadores como goberna-
dores del universo. Ya sean monoteístas (que creen en un
dios gobernante central) o politeístas (que creen en muchos
dioses y deidades), la idea fundamental de la religión es que
hay un gran jefe al que los humanos están obligados a apaci-
guar para asegurar una vida favorable y una vida futura. Aunque la religión abdica en lo divino mucha responsabilidad de
la dirección de la vida, el arte de la oración y el seguimiento
de principios religiosos permiten a los humanos tener algo
que decir en la configuración de su futuro, aunque solo sea a
través de la benevolencia de un Dios bien apaciguado.

Filosofía

La palabra filosofía significa «amor por la sabiduría» en griego
y, según el *American Heritage Dictionary*, la sabiduría se define
como la «capacidad de discernir o juzgar lo que es verdadero,
correcto o duradero».[9]

Los filósofos valoran la educación y el pensamiento. In-
vestigan tanto el paisaje interno como externo de los humanos
para descubrir qué es verdad. Su objetivo es armonizar tanto
la experiencia interior como la exterior. Son probadores de
experiencia de mente abierta, que no dan nada por sentado, o
tienen una fe ciega (como en la religión), sin rechazar la posibilidad de lo sobrenatural.

---

9. *The American Heritage Dictionary of the English Language*, Houghton Mifflin
Harcourt Publishing Company, quinta edición, 2020.

Immanuel Kant, uno de los grandes filósofos alemanes, resume bellamente la filosofía: «Dos cosas me llenan de admiración y asombro en constante aumento, cuanto más tiempo y más seriamente las reflexiono: los cielos estrellados por fuera y la ley moral por dentro».

Ciencias

Mientras que la religión miraba hacia los cielos y la filosofía miraba dentro y alrededor, la ciencia buscaba un método definitorio para probar objetivamente, o refutar, los misterios de la vida, o al menos los que están ante nuestros ojos (y los otros cuatro sentidos). El método científico tiene seis (a veces siete) pasos:

1. Haz una pregunta para la que quieras respuestas.
2. Investiga para encontrar las respuestas.
3. Propón una hipótesis basada en esa investigación, una especie de conjetura informada sobre la respuesta.
4. Experimenta y prueba la validez de tu hipótesis, sin engañar ni manipular los hallazgos para que se ajusten a tus creencias.
5. Registra y analiza tus hallazgos y descubrimientos y compáralos con tu hipótesis.
6. Saca una conclusión que pruebe o refute tu hipótesis original.
7. Repítelo todo con una nueva pregunta.

Donde la religión está dispuesta a creer, la ciencia quiere pruebas, pero la misma herramienta que la ciencia maneja también la limita. Los instrumentos hechos por el hombre solo pueden probar hasta aquí: una máquina puede registrar el efecto en un maniquí de pruebas de choque de automóviles que se estrella a 50 kilómetros por hora, pero no es tan fácil medir nuestros terrenos mentales, espirituales o metafísicos.

Carl Jung (1875-1961), el famoso psiquiatra, psicoanalista y fundador suizo de la psicología analítica, reconoce las limitaciones de una ruta puramente científica hacia el descubrimiento: «La ciencia es la herramienta de la mente occidental y con ella se pueden abrir más puertas que con las manos desnudas. Es parte integral de nuestro conocimiento y *oscurece nuestra percepción solo cuando sostiene que la comprensión que nos da es la única que existe*». [La cursiva es mía]

Aunque cada uno de estos tres sistemas pioneros de exploración de la verdad tiene limitaciones, les debemos mucho. Son estos sistemas (religión, filosofía y ciencia) los que han allanado el camino hacia la comprensión actual de la vida, matizada, aunque incompleta. Hoy en día, muchos buscamos una variedad de fuentes que nos ayuden a enfrentarnos a los desafíos de la vida, en lugar de solo una; este libro es un ejemplo.

Si te encuentras con Buda, mátalo

El budismo, uno de los principales sistemas de creencias religiosas, es una fuente de inspiración mediante la cual muchos buscan respuestas para la vida. Es una religión única en el sentido de que se asienta igualmente bien entre los santos, los filósofos, los científicos y el hombre y la mujer de la calle.

Muchas de las lecciones del budismo no son estrictamente religiosas, sino más bien «humanistas». El compromiso con la religión en sí no es necesario para beneficiarse de gran parte de su sabiduría. Por supuesto, como religión, el budismo tiene grandes profundidades que sus seguidores pueden explorar libremente, pero este no es un libro sobre el budismo sino uno inspirado en él.

Lo que he aprendido de más de veinticinco años de práctica del budismo y, en particular, de mis experiencias mientras realizaba una peregrinación budista en Japón, sin duda puede ayudar.

Una de mis frases budistas favoritas es: «¡Si te encuentras con Buda, mátalo!». Cuando la escuché por primera vez, me sorprendió un poco y me dejó confuso. No parecía encajar bien con las enseñanzas pacíficas y compasivas que había entendido como parte integral de la práctica budista. A lo largo de los años, al reflexionar cada vez más sobre la frase, me di cuenta de que no es una llamada a la anarquía, sino a la acción.

El budismo insiste en que los seguidores no sigan la instrucción budista a ciegas, sino que, en cambio, prueben por sí mismos todo lo que escuchen (como los filósofos y los científicos).

El asesinato metafórico de Buda anima a las personas a rechazar la fe incuestionable que ha perseguido a tantas religiones y cultos del pasado. En lugar de confiar en un gurú, líder o «poder superior», el budismo aboga por el autoestudio, la investigación y el descubrimiento experiencial. El budismo es un sistema que consiste en hacer, en lugar de simplemente escuchar o seguir ciegamente.

No es infrecuente seguir a la multitud y abordar la vida de manera teórica en lugar de experiencial. Podría decirse que la mayoría vivimos más como «ovejas cerebrales» que como los «pioneros del libre albedrío» que imaginamos que somos.

Hay razones por las que recorremos el camino más transitado. Para la supervivencia evolutiva es más seguro formar parte de un grupo que estar solo, y una mente desarrollada ofrece algunos beneficios sobre la ignorancia, como se refleja en la priorización de la educación moderna del estudio académico sobre el vocacional. El *statu quo* tiene ventajas, por eso tiene tantos miembros. Pero ¿la «supervivencia» y las «mejores calificaciones» reflejan realmente una vida mejorada? ¿Son indicadores de que estamos disfrutando plenamente de nuestro valioso tiempo en la tierra? Sugiero que no, que no lo son.

Si haces lo que hacen los demás, obtendrás lo que obtienen los demás. Nuestras capacidades cognitivas nos permiten optar por evitar la seguridad homogénea del *statu quo*. En cambio, podemos atrevernos a seguir nuestro propio camino. Podemos empujar nuestros límites y abrir caminos que pueden, o no, quemarnos las yemas de los dedos, pero de cualquier manera aprenderemos mucho. Disfrutaremos de nuevas perspectivas, conoceremos nuevos amigos, descubriremos nuevas verdades y sentiremos el zumbido de la vida con más intensidad.

No siempre será un placer, no todo nuevo esfuerzo tiene resultados positivos, cuando nos arriesgamos a sacar la cabeza por encima de la trinchera también corremos el riesgo de que nos disparen en la frente. Pero cuando mantenemos la cabeza gacha entre nuestros compañeros, corremos el riesgo de otra muerte, la del alma que se queda confinada en la normalidad, deseando alcanzar los cielos, pero demasiado temerosa de abandonar la santidad de lo que conoce.

Significado y felicidad

A lo largo de los años, se han realizado muchas investigaciones sobre los niveles superiores de la «jerarquía de necesidades» de Maslow, en la felicidad y lo que conduce a ella, tanto en el lugar de trabajo como en la vida en general. Los hallazgos son variados e interesantes, pero una conclusión es incuestionable: las personas son más felices cuando tienen un propósito, cuando su vida tiene significado.

¿Qué significa tener una vida con significado? Esta es una pregunta milenaria, cuyas respuestas han llenado —y continúan llenando— muchos libros. No hay una única respuesta, el significado es tan fluido como la vida misma, cambiando para adaptarse al tiempo, las circunstancias, el género, la raza, la cultura y la educación. No hay una única respuesta correcta y universal; la vida tiene el significado que le atribuyes. A modo de ejemplo, para un padre, el sentido de la vida se puede encontrar en la formación de una familia; un deportista profesional puede encontrar el significado en un trofeo. Ambos son igualmente válidos.

En *El hombre en busca de sentido*, uno de los libros más profundos jamás escritos, el superviviente del Holocausto Viktor E. Frankl narra sus experiencias como recluso en los campos de concentración nazis durante la Segunda Guerra Mundial. Sobrevivió un tiempo en el gueto de Theresienstadt, en Auschwitz, en el campo de trabajo de Kaufering y en el llamado «campo de descanso» de Türkheim, y describe cómo esas experiencias lo llevaron a descubrir la importancia del significado en todas las formas de existencia y cómo después de la guerra le ayudaron a dar aún más forma a su método psicoterapéutico, la logoterapia.

Frankl dice: «No hay nada en el mundo, me atrevo a decir, que pueda ayudar a uno de manera tan efectiva a sobrevivir incluso en las peores condiciones como el conocimiento de que hay un significado en la vida».

Lejos del ejemplo de los demás, mírate a ti mismo; puedes observar que cuando participas en actividades que son significativas para ti, sientes la vida más rica, más plena y probablemente eres más feliz.

Por el contrario, muchas encuestas e informes muestran que muchos trabajadores de todo el mundo no están contentos. Un hallazgo, extraído de una encuesta realizada por la empresa de recursos humanos del Reino Unido Investors in People, afirma que actualmente uno de cada cuatro empleados se siente infeliz en el trabajo. Con tanto tiempo que pasamos en el lugar de trabajo, no es exagerado llamar a eso una tortura.

Con el espíritu de probar las estadísticas por ti mismo, a la manera budista, en lugar de aceptar esas conclusiones sin cuestionarlas, pregunta en tu círculo social. Los altos niveles de insatisfacción laboral entre tus amigos y compañeros pueden sorprenderte.

Entonces, si el propósito y el significado se equiparan a la felicidad, y la evidencia sugiere que somos infelices en el trabajo, sería seguro concluir que, para muchos, el trabajo no proporciona el significado necesario. Probablemente por eso estás leyendo este libro.

Por supuesto, algunas personas, aunque se dediquen a un trabajo significativo, siguen siendo infelices. Los empleos significativos no son una utopía, y es posible que también existan colegas de trabajo irritantes o jefes exigentes y abusivos en esos entornos. Sin embargo, aquellos implicados en un trabajo significativo, que les apasiona, a menudo pueden encontrar la fuerza para perseverar a pesar de esos desafíos temporales. Hablando desde mi experiencia personal como escritor: disfruto tanto de la creatividad de escribir que estoy preparado para lidiar con las innumerables «reescrituras» editoriales que podrían romper la voluntad de alguien para quien escribir es simplemente un pasatiempo.

Simon, Chris y Dennis

En 2009, durante los primeros días de las «charlas TED», cuando eran poco más que simples presentaciones magistrales para pequeñas audiencias, Simon Sinek se subió al estrado.

Sin necesidad de grandes exhibiciones o accesorios, Sinek se puso frente a una simple pizarra con un micrófono de la vieja escuela y pronunció una charla que ha sido vista más de 40 millones de veces en YouTube hasta la fecha.

La charla de Sinek se titulaba «Empieza con el porqué» y fue un éxito instantáneo entre los fanáticos del formato TED. Y lo que dijo fue que vivimos nuestras vidas al revés. Vivimos en un marco motivacional con el «qué» primero, luego con el «cómo» y finalmente con el «por qué».

Sinek cree que estaríamos mejor atendidos y tendríamos más éxito si viviéramos nuestras vidas al revés, es decir, comenzando con por qué hacemos algo, luego pasando a cómo lo hacemos y finalmente a qué hacemos. (Su libro, *Empieza con el porqué*, explica esta idea maravillosamente).

Chris Anderson, «director de TED», en su libro *Charlas TED: La guía oficial para hablar en público*, se hace eco de la idea de Sinek.

Anderson, al asesorar a otros sobre el arte de hablar en público con éxito, cuenta historias de presentadores de TED que no lograron mantener el interés de su audiencia.

A diferencia de la presentación llena de significado de Sinek que atrajo millones de visitas en línea, los oradores que no tuvieron éxito han «perdido» a su público al enfocarse demasiado en las minucias de su presentación: los «cómo» y los «qué» en lugar del «por qué» impulsado por el significado.

El doctor en filosofía Dennis Ford, en su libro *The Search for Meaning*, escribe: «La estrategia —los "por qué" o las preguntas finales— triunfa sobre las preguntas tácticas sobre cómo y con qué medios».

Mi tiempo como entrenador de tenis puede permitirme agregar una última experiencia en apoyo de Sinek, Anderson y Ford.

En el último día del examen para entrenador de tenis profesional, que hice cuando tenía veintitantos años, el examinador preguntó a los estudiantes: «¿Qué va primero, la estrategia o la técnica?». Se esperaba que cada uno de nosotros respondiera.

Fui uno de los últimos en ser preguntado, y había escuchado a casi todos mis compañeros decir que era esencial para un jugador de tenis dominar primero las técnicas y habilidades difíciles del deporte.

Como mi grupo de compañeros ofrecía opiniones diferentes a las mías, estuve tentado de unirme a su coro. Cuando el examinador me señaló, a pesar de temer la humillación pública, seguí mi instinto: «La estrategia, en mi opinión, debe preceder a la técnica».

El examinador enarcó una ceja, me sostuvo la mirada por un momento y se alejó. Mi corazón se hundió y mis amigos sofocaron las risas.

«La estrategia, como dice Jardine, siempre debe preceder a la técnica», les dijo a los demás. La explicación es que si no sabes dónde quieres golpear la pelota y por qué (golpear bajo la pelota a un tipo alto para que tenga que doblar las rodillas para alcanzarla, por ejemplo), ¿cómo puedes elegir la técnica o siquiera utilizarla?

La vida, al parecer, siempre es mejor cuando entendemos y sabemos nuestro «por qué», nuestra razón de ser o de hacer, nuestro propósito y significado en la vida. Sin embargo, encontrar nuestro «por qué» no siempre es tan claro como parece. Pero no te preocupes, la filosofía del «budista millonario» está aquí para ayudarte.

ENCONTRAR TU *WA*

Cheree Strydom y Sunni Jardine no podrían ser más diferentes. Cheree es una cantante y compositora nacida en Sudáfrica de unos treinta y tantos años y Sunni es un estudiante universitario de dieciocho años que comienza su carrera en el rugby profesional. Sin embargo, lo que los une es su pasión por lo que consideran sus «trabajos»; ambos personifican el espíritu del «budista millonario» que he descrito en la introducción.

Cheree proviene de una familia de músicos, su padre era bajista, y recuerda haber crecido sentada debajo de la mesa escuchándolo tocar. Su madre insistió en que su hija debería sentirse libre de seguir la música que obviamente «lleva en la sangre».

Su primera actuación profesional fue a los nueve años de edad, y a los once formó parte de una banda de gira con otros niños, familiares y amigos músicos. Cheree no tuvo dificultad en identificar su razón de estar en esta tierra. Sabía que la habían puesto para cantar.

A diferencia de Cheree, muchas personas no conocen su vocación con tanta certeza o desde una edad tan temprana. Le pregunté qué consejo les daría a aquellos que no están tan seguros de su lugar y significado en la vida. Ella se puso algo melancólica. «Siento pena por las personas que están atrapadas en un lugar donde realmente no han encontrado su propósito. Mi hermano es un ejemplo; él es contable y realmente no lo disfruta; sin embargo, mi novia es contable y adora lo que hace. Probablemente les diría: ¿Sabéis qué?, tal vez podríais vivir un poco. Quizá podríais salir un poco de vuestra caja. Sorprendeos y haced algo completamente inesperado. Algo que no haríais normalmente. Id y desafiaros un poco a vosotros mismos en términos de hacer algo nuevo... simplemente sumergíos en lo inesperado, lo desconocido».

Ciertamente es un sabio consejo.

Uno de los mayores desafíos de la vida es buscar y encontrar un significado, tanto existencial como personal. Nuestras vidas son mejores si defendemos una causa, si tenemos una razón de ser y un camino que recorrer sabiendo que nos lleva, paso a paso, hacia un destino que tiene valor, al menos para nosotros. Pero ¿por qué es tan difícil saber quiénes o qué queremos ser? Porque a la mayoría de nosotros nunca se nos ha enseñado a buscar o, peor aún, se nos ha desalentado activamente de hacerlo.

El consejo anterior de Cheree a los buscadores novatos de salir de «vuestra caja» tiene buenas intenciones, pero pasa por alto un ingrediente crucial: cómo hacerlo. Una «mente abierta» es una habilidad que se aprende y, como todas las habilidades, se debe cultivar, alentar y practicar para lograr el dominio.

Fueron los padres de Cheree quienes le enseñaron a perseguir sueños. Al animarla, incluso implorarla, que hiciera lo que amaba, la madre de Cheree le enseñó que hacer lo que amas es la norma; su padre hizo lo mismo, con el ejemplo.

Sin embargo, muchos de nosotros no hemos tenido padres como los de Cheree, que promueven activamente el seguimiento de sueños y pasiones. La mayoría de nosotros, en cambio, hemos crecido en hogares más didácticos con regímenes y reglas estrictas.

Desde el día en que nos arrancan de una vida de juego, para dar nuestros primeros pasos en la escuela, practicamos la conformidad, no soñamos ni aspiramos. Vivimos la vida según las reglas de otra persona, y si nuestros objetivos no se ajustan a la norma aceptada, entonces están mal vistos.

Esto no es un ataque a padres y maestros; nada más lejos. Como padre y maestro, soy muy consciente de las dificultades y desafíos de criar hijos. Todos hacemos lo mejor que podemos con las habilidades, puntos de vista y experiencias que tenemos para ofrecer a quienes están a nuestro cargo en ese momento.

Pero, del mismo modo, si queremos disfrutar de un trabajo rentable que nos apasione, entonces debemos tomar el control de nuestras vidas y hacer el esfuerzo de buscar y encontrar lo que es significativo para nosotros.

Como Cheree, mi hijo, Sunni Jardine, supo desde muy pequeño lo que lo llenaba de pasión: el rugby. Sin embargo, su familia no pudo compartir ese interés como pudo hacerlo la familia de Cheree. Sunni dijo: «No vengo de un entorno de rugby de alto nivel, así que eso fue algo que decidí hacer por mí mismo, desde una edad temprana, y es algo de lo que simplemente me enamoré».

El rugby profesional anima a sus estrellas del mañana a completar su formación académica para prepararse una vida más allá del deporte, y por eso los clubes proporcionan una estructura que permite a los jóvenes compartir su tiempo entre las exigencias de la universidad y sus deberes profesionales de rugby.

Le pregunté a Sunni, cuando cumplió los dieciocho años, qué consejo les daría a otros jóvenes con familias que, por alguna razón, no necesariamente comparten las aspiraciones académicas o profesionales de sus hijos, y esto es lo que me dijo:

«Si disfrutas de algo, solo tienes que hacerlo. Hacerlo realmente. Tienes que asumir un papel individual en eso. A medida que creces y comienzas a madurar, alrededor de los catorce, quince años, personalmente creo que es cuando comienzas a tener un poco más de control sobre tu vida. Puedes decirle a la gente lo que te gusta hacer y puedes empezar a hacer cosas por ti mismo. Los padres obviamente van a tener una influencia en ti, pero creo que por eso depende de ti hacer lo que quieras; no de manera rebelde, sino con el debido respeto a los padres, pero debes tomar el control y no dejar que nadie más te obligue a hacer algo que no quieras hacer. No tiene por qué ser una confrontación; simplemente puede ser una conversación honesta. Simplemente siéntate y charla con ellos, y diles: "Mirad, esto es lo que quiero hacer. Y me encantaría que me apoyarais". Tienes que actuar como un individuo. Piensa por ti mismo».

Son palabras sorprendentemente sabias para alguien tan joven. Mi razón original para entrevistar a Sunni fue equilibrar el espectro de voces del «budista millonario». Sin embargo, a medida que continuaba nuestra entrevista, me di cuenta de que Sunni tenía algunos consejos excelentes que serían relevantes para todos los lectores, independientemente de su edad.

«Como ya he dicho», continuó, «sé un poco egoísta. Si la oportunidad está ahí y te beneficiará hacerlo, hazlo, y los padres siempre estarán ahí para apoyarte cuando realmente los necesites.»

Ponerte a ti mismo primero

Elegir seguir tu propio camino, es decir, no vivir según las reglas de otras personas, requiere que te pongas a ti mismo en primer lugar, algo que a la mayoría nos cuesta hacer. Los budistas no creen que el amor propio es narcisista o arrogante. En el corazón del budismo está la práctica de desarrollar la bondad y la compasión por todos los seres, incluyéndonos a nosotros mismos.

Hace años, mientras dejaba a mis dos hijos pequeños en la escuela una mañana, recuerdo haberle contado a un padre y amigo mi decisión de viajar a Japón para realizar una peregrinación. Me miró, horrorizado de que pudiera dejar a mi familia para irme a lo que él llamó unas «vacaciones egoístas». En lugar de percibir mi viaje como un medio para progresar mental y espiritualmente por el bien de mi familia y el mío propio (como era mi intención), vio a un padre que no cumplía con su deber, es decir, que no se sacrificaba las 24 horas del día, los 365 días del año. Para muchos, cuidar de uno mismo no se considera admirable, en el budismo sí.

La enseñanza muy lógica y sensata del budismo sostiene que si no podemos amarnos a nosotros mismos lo suficiente como para vivir una vida que llene nuestros corazones de pasión, ¿qué podemos ofrecer como motivación y ejemplo a aquellos a quienes queremos inspirar? Es la razón por la que se nos aconseja en un avión, en caso de pérdida de presión de aire en la cabina, que nos pongamos nuestra propia máscara antes de ayudar a los niños y otras personas necesitadas. No es egoísta, es práctico.

Drew Sullivan es un hombre al que admiro y otro ejemplo de budista millonario. Con más de dos metros de altura, tengo que estirar el cuello hacia atrás para poder mirarlo a los ojos. Su tamaño físico se corresponde a su innegable presencia.

Drew es como un Buda andante: siempre sonriente, habla con suavidad pero es lo suficientemente feroz y competitivo como para ser uno de los mejores jugadores de baloncesto profesionales del Reino Unido. Drew es también uno de los hombres más humildes y generosos que conozco. Se gana la vida haciendo lo que adora e inspira a los aficionados al baloncesto con su emocionante estilo de juego.

El deporte profesional no es famoso por sus personajes sin ego. Ser el centro del escenario para una multitud de aficionados adoradores es suficiente para corromper a muchos atletas. Sin embargo, a pesar de todos sus elogios profesionales (capitán del equipo olímpico de baloncesto de Gran Bretaña en 2012, tres veces elegido jugador británico más valioso del año, dos veces elegido jugador más valioso del año de la liga británica), Sullivan no ha caído en la madriguera narcisista de la fama deportiva.

Tal es la gentil humildad de Sullivan, que solo descubrí por casualidad que jugaba a baloncesto después de escuchar a alguien en el vestuario de nuestro gimnasio contar que lo había visto jugar en la televisión el fin de semana anterior. Cuando le pregunté a Drew, simplemente me mostró una enorme sonrisa y admitió: «Sí, juego un poco».

Sin embargo, en el corazón de este hombre humilde y generoso está la comprensión intuitiva de que para cuidar a los demás, primero debes ser capaz de cuidarte a ti mismo:

«[Para algunos] esto puede sonar como la cosa más egoísta del mundo», dice Drew, poniéndose serio, «pero tu primera responsabilidad con la felicidad es contigo mismo. No tienes manera posible de hacer feliz a las personas que te rodean si no eres feliz. Si hago todo lo posible para hacer feliz a mi esposa y yo no soy feliz, ella sabe que no es auténtico y que no funciona. Muchas personas en una relación tienden a preocuparse de cuidar de su pareja o de sus hijos, pero eso también puede generar resentimiento si no persigues tus sueños. Escucho a la gente decirles a sus parejas: "La razón por la que no seguí mis sueños es porque primero quería asegurarme de que estabas bien"», dice Drew sacudiendo la cabeza ante la inutilidad de ese enfoque.

«A veces está bien no estar bien. Pero no debe ser la norma», dice Drew con toda la profundidad de alguien que, como estrella del deporte profesional, se ha atrevido a vivir una vida con la que muchos simplemente sueñan.

Wa y anti *wa*

Tanto Cheree como Sunni conocían sus pasiones desde el principio. Investiguemos cómo descubrir la tuya, si aún no se ha revelado.

En japonés, la palabra *wa* significa «paz, armonía y equilibrio». Vas a usar esta palabra para guiarte mientras buscas tu significado, o lo que Simon Sinek, autor de *Empieza con el porqué*, llama tu «por qué».

Piensa en la pregunta que hay al principio de este libro acerca de tener un millón de euros (o cualquier otra cifra hipotética grande que sugiera que el dinero ya no es tu principal necesidad). Ya hemos establecido que no volverías a tu trabajo o lugar de trabajo actual, entonces, ¿qué harías? ¿Qué harías con tu tiempo ahora que ya no tienes la carga de llegar a fin de mes? Muchas personas al principio dan respuestas genéricas y superficiales como: «Me compraría un coche, una casa y me iría de vacaciones». Estas respuestas, aunque buenas en sí mismas, carecen de honestidad, creatividad y, lo que es más importante, de significado. No tratamos de descubrir la lista de la compra de una persona rica; tratamos de encontrar nuestras pasiones y razones más profundas para estar aquí en este planeta.

Como indicación, tengamos en cuenta la palabra *wa*. Nuestras pasiones más profundas, las cosas que realmente amamos hacer, siempre nos hacen sentir bien. Nos sentimos en armonía, en paz y alegres cuando pensamos en ellas. Sabrás que estás pensando en tus deseos más profundos cuando te sientas *wa*.

Por el contrario, los pensamientos que te hacen sentir tenso, agitado, dudoso, temeroso, molesto, culpable o con un poco de náuseas, son sentimientos «anti *wa*». Por ejemplo, imagina una tarea o una reunión a la que te has comprometido anteriormente, a regañadientes, aunque realmente no querías ir.

Entonces, comencemos, te recomiendo que tomes lápiz y papel y te reserves un momento de tranquilidad para esto.

Ejercicio 1: ¿Y si?

Piensa en las cosas que te parecen inspiradoras y emocionantes que harías con tu nuevo tiempo libre (ahora tienes seguridad financiera); cosas que solo soñarías hacer; cosas que te hacen sentir feliz, alegre, en paz y contento; cosas que te hacen sonreír y sentirte agradecido de estar vivo cuando te despiertas por la mañana. Piensa en cosas que te harían sentir «ligero» en lugar de «pesado»; esas son cosas *wa* y apuntan directamente hacia tu «por qué» de estar vivo. Apúntalas.

Sigamos descubriendo y respondamos una segunda pregunta: ¿qué harías con tu tiempo si tuvieras solo seis meses (sin dolor) de vida? De nuevo, piensa en términos de la sensación *wa*; cosas que te harían sentir feliz y realizado. Apúntalas.

Agreguemos una pregunta final: ¿qué harías si tuvieras un millón de euros pero solo seis meses (sin dolor) de vida? Tienes todo el dinero que necesitas, pero solo un tiempo limitado para gastarlo. Apúntalo.

No apresures este proceso. Intenta profundizar para buscar y descubrir tu propósito.

No es raro, con este ejercicio, no encontrar nada en los primeros intentos. No estamos acostumbrados a este tipo de trabajo creativo y autoorientado y tu cerebro puede resistirse inicialmente al proceso. La resistencia es normal. La creatividad y la búsqueda del alma requieren práctica, pero si haces el trabajo, obtendrás respuestas.

Cuando hago este ejercicio, utilizo el mismo proceso que uso para escribir libros: me pongo un límite de tiempo de 25 minutos, hago la pregunta y escribo lo que me viene a la mente de inmediato, sin filtrar.

Luego hago un descanso cronometrado de cinco minutos, configuro el temporizador para otros 25 minutos y respondo la segunda pregunta. Al finalizar, después de otro descanso de cinco minutos, dedico 25 minutos más a escribir mis respuestas a la tercera pregunta.

Estas respuestas iniciales forman el primer borrador. Aquí hay algunos ejemplos de ideas de mi primera lista: mudarme al delta del Okavango para escribir una novela; dominar el solo de guitarra de Sweet Child of Mine (después de todo, soy un niño de los 70) sin cometer un solo error; pasar tiempo meditando con el Dalai Lama.

Te sugiero que repitas el proceso todos los días durante una semana hasta que termines con siete borradores.

A medida que tu cerebro trabaje consciente e inconscientemente en estas preguntas durante el día y la noche, te revelará respuestas cada vez más profundas, a veces como destellos de percepción personal o sentimientos positivos.

Al final de la semana, revisa los siete borradores y observa si algún pensamiento, idea o palabra se repite en los siete. Toma nota de estos.

Ejercicio 2: momentos destacados

Ahora que has escrito los siete borradores, es hora de tomar nota de diez experiencias clave de la vida, recuerdos destacados o momentos notables de tu existencia hasta ahora.

A modo de ejemplo, aquí hay cuatro de los míos:

1. Cuando mis padres me dijeron que mi abuelo Albert había muerto, hice siete agujeros en la puerta de mi armario y me senté a llorar en el fondo del armario durante horas.
2. El discurso que mi sensei de karate hizo sobre mí cuando me presentó mi cinturón negro me conmovió hasta las lágrimas. Honró mi arduo trabajo, dedicación y espíritu de lucha.
3. Caminando de regreso al templo Ryozenji, el punto de inicio y finalización de la Peregrinación de los 88 Templos, supe no solo que había completado con éxito el viaje, sino también que la vida nunca volvería a ser la misma.
4. Al ver a mi hijo en la televisión jugando al rugby con un equipo profesional, me di cuenta de que estaba viviendo una visión que había disfrutado durante la meditación muchos años antes.

Después de anotar los diez momentos clave de tu vida, revísalos e identifica los temas e hilos comunes.

Por ejemplo, si examinas mis cuatro declaraciones, notarás un patrón de acciones físicas (puñetazos, kárate, caminar, rugby) pero también uno de búsqueda existencial.

El abuelo Albert murió cuando yo era un niño y eso me asustó. Me preocupaba mucho la muerte cuando era joven y traté de sondear el porqué de la existencia si íbamos a terminar muriendo de todos modos.

Tanto el kárate como la peregrinación japonesa eran vehículos para la comprensión espiritual y personal. Originalmente comencé a hacer kárate, no para pelear, sino por el aspecto de «meditación en movimiento» del deporte, que no encontré en el Reino Unido, y que en su lugar busqué más lejos. Finalmente, esto me llevó a Japón, a caminar por el sendero sagrado: la Peregrinación de los 88 Templos. Fue allí donde aprendí que, esencialmente, somos los creadores de nuestros propios destinos, y le dije a mi hijo: «Si quieres ser un jugador profesional de rugby, adelante».

Ejercicio 3: siete capas de por qué

Este es el último de los tres ejercicios que te recomiendo para descubrir el propósito de tu vida. Recuerda, si las respuestas engendran sentimientos *wa*, estás en el camino correcto para encontrar tu significado. Si no es así, sigue buscando hasta que lo hagan.

Piensa en algo que deseas y anótalo.

Por ejemplo: Quiero una casa junto a la playa.

Este es un proceso de siete pasos que comienza con tu deseo.

1. **Pregúntate**: ¿Por qué quiero una casa junto a la playa?
   Respuesta: Porque quiero pasear a mi perro por la orilla.

2. La respuesta a la pregunta 1 se convertirá en la pregunta 2. **Pregúntate**: ¿Por qué quiero pasear a mi perro por

la orilla? **Respuesta:** Porque me encanta ver a mi perro entrar y salir del mar.

3. **Pregúntate:** ¿Por qué me encanta ver a mi perro entrar y salir del mar?
   Respuesta: ....
   ....

4. **Pregúntate:** responde a la pregunta 3.
   Respuesta: ....
   ....

5. **Pregúntate:** responde a la pregunta 4.
   Respuesta: ....
   ....

6. **Pregúntate:** responde a la pregunta 5.
   Respuesta: ....
   ....

7. **Pregúntate:** responde a la pregunta 6.
   Respuesta: ....
   ....

Ahí tienes tres ejercicios excelentes que te ayudarán a excavar y buscar tu «por qué» en la vida.

Si eres como yo, te sentirás tentado a leer las palabras sin hacer los ejercicios, asumiendo que los harás mentalmente a medida que avances en tu día.

Te insto a que no haga eso, porque puedo decir, por experiencia personal, que estos ejercicios funcionan mejor si les prestas toda tu atención. Y si mi consejo no es suficiente, ¿por qué no hacer caso al de nuestro jugador de rugby de dieciocho años: «Si la oportunidad está ahí y te va a beneficiar hacerlo, hazlo».

Como solía decir mi madre: «De la boca de los bebés muchas veces salen gemas».

LAS TRES PALABRAS
IMPORTANTES

En esta etapa, ahora que se han descorrido las cortinas que ocultan la ilusión del dinero, es posible que hayas visto que es poco probable que el dinero por sí solo te brinde satisfacción. En cambio, es posible que te hayas dado cuenta de que una vida llena de significado, llena de pasión, es una medida más probable de felicidad y satisfacción.

Sin embargo, a pesar de este conocimiento, es posible que algunos de vosotros todavía vaciléis, estancados en vuestro trabajo actual, y deberíamos hablar de por qué.

Hay un fenómeno tan exclusivo de la conciencia humana como absurdo: a saber, que, a pesar de conocer el peligro y el daño que causan nuestros comportamientos limitantes, nos los permitimos de todos modos.

¿Por qué un fumador sigue fumando a pesar de conocer el daño que indudablemente le causa cada calada del cigarrillo? ¿Por qué el bebedor empedernido todavía bebe, aunque comprende que cada sorbo le está pudriendo el hígado? ¿Por qué las personas permanecen en relaciones disfuncionales a pesar de que saben instintivamente que la próxima semana no será mejor de lo

que ha sido esta o la anterior? ¿Y por qué sigues en un trabajo o
carrera sobre el cual tienes sentimientos encontrados?

Las causas se pueden resumir mediante tres palabras importantes. En este contexto, placer, miedo y fe.

Echemos un vistazo a cada una de ellas.

Placer fugaz

Una de las razones clave por las que seguimos encadenados a
hábitos nocivos y circunstancias insatisfactorias es que, en algún nivel, nos sirve hacerlo: los hábitos conducen a un cierto
grado de placer. (Los budistas llaman a esto «ignorancia», la
idea de que aferrarse al placer fugaz conducirá a una felicidad
e iluminación duraderas).

Como ejemplos, tomemos al fumador que todavía fuma a
pesar de presenciar la desaparición de un miembro de la familia
debido a una enfermedad pulmonar relacionada con el tabaco,
y también a la pareja abusada que sigue comprometida con una
relación a pesar de haber sido intimidada. No es inusual escuchar al fumador protestar porque disfruta de la relajación que
viene con el tabaquismo habitual, o que la pareja con la autoestima herida admita que lo «bueno» de la relación supera con
creces a lo «malo».

A veces estamos estancados simplemente porque disfrutamos de estar donde estamos.

Y eso es bastante justo. Si estás feliz y contento, quédate
donde estás. No es necesario cambiar y es posible que no desees hacerlo.

Miedo y fe

Sin embargo, hay otros cuyos hábitos y comportamientos limitantes no les brindan ningún placer. Estas personas realmente quieren cambiar, pero están llenas de miedo, y su miedo se produce a costa de su contraparte, la fe.

Miedo y fe, nuestras otras dos palabras importantes, están indisolublemente unidas: una abundancia de una a menudo niega la otra.

Por ejemplo, si tuvieras fe en que se cumplirían todos tus deseos, ¿tendrías algo que temer? Probablemente no.

Existe el contraargumento de que, en realidad, no se cumplen todos los deseos. Todos hemos experimentado deseos incumplidos, metas perdidas y sueños rotos. ¿Es de extrañar que la luz de nuestra fe se apague?

Pero con un cambio de perspectiva, realmente no hay nada que temer y todas las razones para tener fe. Cuando hagas el esfuerzo de mirar desde otro ángulo, verás que tus fracasos, esas cosas a las que temes, de hecho no son bloqueos para tu éxito, sino pasos hacia él. La fe aparece cuando confías en que la felicidad y una vida plena se deben a tus fracasos, no a pesar de ellos.

Utilicemos el ejemplo de una artista principiante que lucha por ganarse la vida con su trabajo. Desde una perspectiva, con facturas crecientes que pagar, parece que cada momento desperdiciado en una pincelada inexacta es la confirmación de que es simplemente demasiado difícil ganar dinero haciendo lo que adora; cae en una espiral descendente de abatimiento ante las dificultades que conlleva el desarrollo de su oficio.

Desde otro ángulo, con una visión un poco más amplia, cada pincelada incorrecta es en realidad un punto de referencia hacia un trazo que es correcto. Desde ese punto de vista no hay «errores»: ella está ganando o aprendiendo. La fe en un proceso creativo positivo conduce a un estado de ánimo más relajado que inspira más creatividad; una espiral creativa ascendente que conduce a un dominio por el que los clientes, tarde o temprano, pagarán.

Antes de que podamos aceptar plenamente este cambio de punto de vista, es vital comprender que tanto el miedo como la fe son estados mentales, elecciones que hacemos sobre cómo vemos el mundo, y depende de nosotros dirigir nuestros pensamientos para nuestra propia ventaja.

Jugar para ganar o no perder

En la vida solo hay dos motivaciones: jugar para ganar o jugar para no perder.

Aunque en la superficie ambas tienen el mismo objetivo final, ganar el juego, los factores motivadores que hay detrás de cada una con mundos aparte.

La mentalidad de los que juegan para ganar es positiva, creativa, valiente, carismática, tranquila, poderosa, esperanzadora y leal. Estas personas juegan tanto por el amor al juego como por ganarlo; están orientados al «proceso».

En cambio, la mentalidad de quien juega para no perder se caracteriza por una actitud pasiva, de duda, de estrés, de lucha y de timidez. Estas personas suelen ser de naturaleza robótica y forzada. Juegan por miedo a lo que está en juego si pierden; están orientados a los «resultados».

Aunque ambos grupos que participan en el juego finalmente quieren ganar, sus razones para hacerlo son diferentes. Los que juegan para ganar se centran en el amor por el juego en sí, que invariablemente conduce al éxito, mientras que los que juegan para no perder se centran en la defensa de la aclamación y la confirmación del estatus que conlleva ganar, o al menos, no perder.

La Dra. Carol Dweck es profesora de Psicología e investigadora líder en el campo de la psicología de la personalidad, social y del desarrollo. En su innovador libro, *Mindset*, describe dos tipos: «mentalidad de crecimiento» y «mentalidad fija».

A partir de su investigación, ha llegado a la conclusión de que las personas con mentalidad de crecimiento creen que sus habilidades, destrezas y futuros son un trabajo en progreso, siempre fluido y nunca completo. Cada experiencia es una oportunidad para aprender, crecer y mejorar. Cada fracaso se ve no como una acusación de valor, sino como una experiencia de aprendizaje y un trampolín hacia el éxito.

En marcado contraste, las personas de mentalidad fija tienen una creencia profundamente arraigada de que el talento y la capacidad son rasgos fijos y la mejora es limitada o imposible: uno es lo suficientemente afortunado de nacer con un «don» («Soy un lingüista natural»; «Siempre he sido bueno en los deportes») o no. Debido a su punto de vista de que las habilidades son fijas y finitas, no intentan desarrollar capacidades a las que consideran que no están «naturalmente inclinados».

También defienden con vehemencia sus «talentos» y a menudo evitan situaciones en las que su talento puede ser cuestionado. Las investigaciones muestran que estas personas elegirán desafíos más fáciles que confirmen sus habilidades, en lugar de desafíos más difíciles que podrían confirmar las lagunas en sus conocimientos.

Veamos ejemplos de esto. Imagínate un niño prodigio; un «matemático natural» que disfruta de la adoración de sus maravillosos padres y maestros. Estos niños se deleitan con el poder que ejercen sobre sus compañeros, a quienes dejan a la altura del betún con su genio precoz.

Son niños que han demostrado un nivel de habilidad matemática por encima de la norma. Debido a su corta edad, sus habilidades se ven como dones naturales o «concedidos por Dios». Escuchan que son «afortunados» y «uno entre un millón». No tienen control sobre su habilidad natural; deberían estar agradecidos de haber nacido como lo han hecho.

Esta creencia en que tienes talento o no lo tienes está bien hasta que esos niños talentosos se enfrenten a sus compañeros prodigios, algo inevitable en algún momento de sus vidas.

Ahora se verán obligados a defender su estatus de «concedido por Dios». Cuando fracasen, lo que sucederá de vez en cuando en comparación a otros, o cuando se enfrenten a problemas matemáticos que aún no pueden resolver, creerán que su fracaso indica que han llegado a la cima de sus «dones fijos y naturales» y que no tienen nada más que ofrecer. La vida está acabada, al menos como un «genio de las matemáticas». En tales casos, la capacidad del niño se ha visto socavada y la creencia en una capacidad fija impide una mejora adicional para hacer frente a los nuevos desafíos. El niño se queda tambaleándose. [10]

Veamos otro ejemplo de un entorno totalmente diferente. En el deporte del boxeo, el premio más raro y codiciado es el récord invicto. Dos luchadores aguardan nerviosos en las esquinas opuestas listos para la lucha.

«Presentamos al primero», canta el locutor del ring. «Peleando desde la esquina azul, vistiendo equipación multicolor y con un peso de 65 kilos, un joven que alcanzó el oro olímpico en 1992 y ahora tiene un récord profesional perfecto de 21 victorias sin una sola derrota. Damas y caballeros, del este de Los Ángeles, California, Oscar De La Hoya.» El locutor se toma su tiempo y se enorgullece de enfatizar a la multitud los hechos de un «récord profesional perfecto».

Un boxeador que entra al ring con un récord invicto comienza la competición en alta estima por parte del público y con una ventaja mental sobre su oponente. Innumerables historias de boxeo cuentan que muchos luchadores fueron derrotados por «récords invictos» mientras aún estaban en el vestuario, calentando y atándose los guantes, mucho antes de que se hubiera lanzado un solo golpe.

---

10. Irónicamente, entre bastidores, en casa, estos niños a menudo son expuestos a las matemáticas desde que nacen, por padres motivados para proporcionar una «base académica sólida». Para cuando llegue su edad escolar, cuando se identifique su «talento natural», habrán estado expuestos a los números (a través de diversos juegos, libros, programas informáticos y similares) mucho más que sus compañeros, muchos de los cuales lidian con los números por primera vez. Las verdaderas fuentes del «talento natural» del niño son la exposición y la práctica.

Sin embargo, un historial sin pérdidas también conlleva la carga de una «mentalidad fija». Junto con la intimidación y la ventaja mental inherentes a tal historial, también viene la presión de defenderlo. Nunca faltan rivales jóvenes y hambrientos que disparan al blanco, imaginado en la espalda del campeón.

Un récord invicto, con toda su gloria y recompensas concomitantes, pronto se convierte en la declaración autoinfligida del valor de un boxeador. El trabajo de defenderlo se vuelve primordial, a menudo a costa de la pasión que alguna vez tuvo por el arte del pugilismo; una pasión que inicialmente llevó al luchador al éxito.

El luchador ya no pelea por el amor al juego, sino por miedo a mantener una ilusión voluble y frágil que algún día debe acabar. Como dicen los budistas y Heráclito: «Lo único que es constante es el cambio».

Ver a un atleta, equipo o individuo jugarse la vida para no perder en lugar de ganar es incómodo. ¿A quién le gusta ver a un equipo de fútbol poner a todos sus defensores en línea durante 90 minutos para intentar evitar un gol sin que ellos mismos intenten marcar en el extremo opuesto del campo? ¿Por quién preferirías pagar la entrada para verlo en la Copa del Mundo de fútbol, a Brasil o a Suecia?

Hay algo profundamente insatisfactorio en observar o estar cerca de aquellos que, por la razón que sea, tienen miedo de asumir el control de sus vidas. Por eso, en cambio, preferimos asistir a charlas inspiradoras, ver películas con protagonistas heroicos y leer libros edificantes. Nos encanta inspirarnos en personas que viven su pasión y les dicen a los demás que no solo es posible, sino también cómo hacerlo. Instintivamente sabemos que estamos diseñados para crear, florecer, evolucionar y crecer.

El miedo nos mantiene encadenados a nuestras vidas limitadas, a pesar de que sabemos que lo estamos sintiendo y que es perjudicial. El miedo tiene muchos disfraces pero siempre aprisiona a los que sufren en sus garras. Ya sea el miedo a perder algo ganado (un récord invicto), o el miedo a entrar en un futuro incierto para el que podemos o no estar equipados para manejar, nunca libera lo mejor de nosotros: a menos que cambiemos la manera en que lo vemos.

¿Cómo se deciden nuestros estilos de juego?

Entonces, ¿cómo nos convertimos en el estilo de jugador que somos? ¿Cómo y cuándo decidimos jugar el juego de la vida a la defensiva en lugar de proactivamente? ¿Cómo hemos llegado a tener una mentalidad fija o de crecimiento?

Como con muchos de nuestros comportamientos, la respuesta es que nuestros estilos de juego nos los regalaron nuestros padres o cuidadores principales y el entorno dominante. Si eres un adulto temeroso e infiel, es probable que esta mentalidad se haya inculcado en tu educación.

Cuando somos jóvenes con mentes como esponjas, pero sin las habilidades del discernimiento, absorbemos todo de nuestro entorno inmediato sin dudarlo. Estamos a merced de nuestros mayores: sus creencias, opiniones, puntos de vista, pensamientos y temores.

Piensa en algunos de los pensamientos y creencias que zumban en el trasfondo de tu vida, tales como: «El dinero no crece en los árboles»; «Cuida los céntimos y los euros se cuidarán solos»; «Ve a la escuela y obtén una buena educación»; «Muy pocas personas lo logran en los deportes profesionales, así que haz algo más por si acaso»; «No soy bueno con los números, las matemáticas no son lo mío». ¿Estas ideas son realmente tuyas? ¿Recuerdas algún momento en el que tu experiencia directa formara estas ideas? Probablemente no. Es más probable que hayas heredado estas creencias. El miedo y la opinión de otra persona se han convertido en tu hábito.

Volvamos a encontrarnos con Selina Lamy, nuestra millonaria budista y ex Citibanker, a quien conocimos en el capítulo 2.

Hace años, cuando regresó, como estudiante, de un año sabático que pasó viajando por Australia, sus padres decidieron que «necesitaba tener un trabajo cuando regresara». Trabajó durante un tiempo haciendo prácticas con una veterinaria local, trabajo que le encantaba, pero pronto se encontró solicitando un puesto de trabajo corporativo.

«Cuando miro hacia atrás, debería haber sido veterinaria», dice Selina. «No puedo recordar cómo o por qué tomé la decisión de postularme para un trabajo corporativo. Pensé que todos lo estaban haciendo, así que eso era lo que yo debía hacer también.»

Muchas personas, como Selina, caen en vidas forjadas por otros cuando no tienen la madurez para tomar el rumbo por sí mismas. Aunque es importante reconocer la dificultad de la tarea que tenemos por delante, nunca es demasiado tarde para recuperar el control de nuestros paisajes mentales. Si lo deseamos, podemos remodelar nuestro destino con nuestras propias experiencias acumuladas como adultos, liberándonos de los hábitos formados de niños.

Cambiar creencias, pensamientos y hábitos no es fácil, aunque es totalmente posible. Debes estar preparado para practicar los nuevos y mejores hábitos más que los viejos, de modo que puedan reemplazarlos. Solo recuerda que has practicado ser el «viejo yo» más tiempo que el «nuevo yo», así que sé paciente y persistente. En la tercera parte de este libro veremos cómo hacerlo.

El miedo es tu amigo, la fe es tu regalo

A muchos se nos ha enseñado que para mantener nuestra seguridad y protección debemos evitar los peligros que inician el miedo. Irónicamente, son justo el peligro y el miedo los que son necesarios para obtener la seguridad que nuestros guías anhelan para nosotros.

Por naturaleza, somos criaturas impulsadas por un propósito. Si no avanzamos, nos estancaremos y luego moriremos.

Tomemos como ejemplo a nuestros antepasados cazadores-recolectores: sin su deseo y motivación de salir de la cueva en busca de comida, hoy no estaríamos aquí. Habrían muerto de hambre en sus cuevas si hubieran sucumbido al miedo de salir a cazar.

Miles de años después, siete de cada diez personas siguen sentadas en sus cuevas metafóricas; trabajos que no les interesan especialmente y que temen dejar en caso de que el mundo exterior se los coma vivos. El estancamiento conduce a la muerte, ya sea mental, física, emocional o espiritual.

En abril de 2015, el arzobispo Tutu y el Dalai Lama se reunieron en la India para celebrar el 80 cumpleaños de Su Santidad y dar una serie de conferencias y charlas. Las charlas versaron sobre el tema de «La felicidad duradera en un mundo cambiante». Las transcripciones seleccionadas de las charlas se publicaron como *El libro de la alegría*.

En el libro, el arzobispo Tutu habla sobre el trabajo de un «investigador prenatal» llamado Dr. Pathik D. Wadhwa. «Parece que la ciencia está confirmando que el estrés y las dificultades son necesarios para el desarrollo en el útero», escribe, resumiendo algunos de los hallazgos de Wadhwa.

«Nuestras células madre no se diferencian y se convierten en nosotros si no hay suficiente estrés biológico para hacerlo.»

«Si quieres ser un buen escritor», prosigue el arzobispo, «no te convertirás en uno yendo siempre al cine y comiendo bombones. Tienes que sentarte y escribir, lo que puede ser muy frustrante y, sin embargo, sin eso no obtendrías ese buen resultado.»

Los budistas resumen esta idea de una manera un poco más cruda con la primera de sus cuatro nobles verdades: «Toda vida es sufrimiento».

Eso me quedó claro hace años, cuando era aspirante a profesional del tenis, cuando me torcí el tobillo al deslizarme hacia una pelota en una cancha de tenis de tierra batida en Florida.

Cojeé hasta la habitación del fisioterapeuta y aprendí algo interesante. Excepto en el caso de una fractura grave, el tobillo se cura más rápido al caminar inmediatamente sobre él en lugar de usar muletas y evitar utilizar la articulación lesionada.

Siempre y cuando el dolor no fuera insoportable, me dijo el fisioterapeuta, al usar el tobillo lesionado se estimularía el flujo de sangre y nutrientes esenciales y la articulación se curaría rápidamente por sí sola y se repararía por completo. Sin embargo, si continuaba manteniendo mi peso fuera del tobillo, la sangre y los nutrientes se enviarían a otra parte, a otras áreas necesitadas del cuerpo. Esto conduciría a una lesión de tobillo crónica y recurrente, que había visto en algunos de mis compañeros de tenis.

Lo mismo sucede en el espacio. Debido al entorno ingrávido, los huesos de un humano pierden masa porque ya no tienen que sostenerse contra la gravedad. No hay estrés gravitacional.

Por el contrario, en la Tierra, la gravedad aplica una carga mecánica constante al sistema esquelético. Esto provoca huesos sanos que mantienen la densidad necesaria para sostener el cuerpo. La acción conduce al crecimiento y la mejora. Mi antiguo profesor de patología capturó esta idea en pocas palabras con su frase tan querida: «¡Úsalo o piérdelo!».

Partiendo de ejemplos de tobillos y células madre en el útero, ¿qué es lo que estamos perdiendo al no superar el estrés y los miedos a la incertidumbre para seguir las carreras que adoramos? ¿Qué es lo que sacrificamos cuando nos conformamos con cumplir con otros ideales que no son nuestros más altos ideales o expresar nuestras más profundas pasiones? Nuestra alma, la esencia misma de lo que significa ser humano en lugar de autómata.

La anatomía del miedo

En días diferentes, dos mujeres se enfrentaron al mismo agresor.

Cuando una mujer cruzaba unas pistas de juego abiertas después de salir de la estación de tren, un hombre se le acercó y le preguntó la hora. Sin dudarlo, se tiró de la manga para mostrar su reloj y darle la información.

El hombre le arrebató el reloj, se lo arrancó de la muñeca, la agarró por la garganta y le exigió que le entregara también el bolso. Congelada por el miedo, ella no pudo hacer nada, y él tomó el bolso, miró dentro y se escapó.

Otro día, el mismo atacante, en el mismo lugar, intentó distraer a otra mujer con la misma pregunta. Pero esta vez, cuando él alcanzó su reloj, ella lo agarró del cabello con la mano libre y le lanzó obscenidades mientras lo abofeteaba y pateaba.

Al escuchar el ruido, los transeúntes se apresuraron a ayudar. En ese momento, era el atacante quien necesitaba más ayuda que la mujer.

Estos dos ejemplos no se refieren a estrategias de autodefensa. Tratan sobre el miedo y cómo puede manifestarse de manera tan diferente en personas que experimentan el mismo escenario.

Miedo es una palabra que usamos para describir los sentimientos físicos incómodos que tenemos cuando nos enfrentamos a una amenaza genuina o percibida. La sensación física: mariposas en el estómago, visión estrecha, palmas sudorosas, debilidad en las piernas y dificultad para respirar son solo algunos de los síntomas de dos poderosas hormonas que el cuerpo secreta preparándose para el peligro. Estas hormonas son el cortisol y la adrenalina. Las hormonas son esencialmente un supercombustible humano. Preparan el cuerpo para que sea magnífico frente a la adversidad, de modo que podamos sobrevivir y prosperar para ver otro día.

Ambas mujeres habrían tenido el cuerpo lleno de cortisol y adrenalina al enfrentarse a su agresor, pero ¿por qué una mujer se congela y la otra se sobrecarga? Una vez más, para citar a mi antiguo profesor de patología: «Úsalo o piérdelo».

Con el cuerpo cargado y con muchas ganas de empezar, el supercombustible hormonal debe ser «liberado» para que sea beneficioso. Piensa en un antílope asustado que huye de un león: ha puesto su pata en el acelerador metafórico y está usando cada gota de adrenalina y cortisol para superar esas garras y dientes en su flanco. En este escenario, el acrónimo FEAR («miedo») podría significar: *Feeling Energized And Ready* («sentirse activado y listo»).

Por otro lado, por cada segundo que este supercombustible permanece sin utilizar en nuestro torrente sanguíneo, se convierte en una carga pesada que se hunde, como el oro en el lecho de un arroyo, y nos congelamos, nos quedamos inactivos.

Corre o lucha: si no utilizamos la adrenalina, perdemos sus beneficios. En este ejemplo FEAR («miedo») sería el acrónimo adecuado para *For Ever A Rabbit* (como el conejo paralizado frente a los faros de un automóvil).

Si no nos involucramos en las batallas de la vida, la fuerza interna que se nos ha otorgado tanto para sobrevivir como para prosperar permanece dormida. Si no la usamos, perdemos sus beneficios. Debemos actuar.

Si queremos aspirar a una vida laboral rica y significativa, debemos ser valientes. Debemos entender que el miedo y el estrés son nuestros amigos. Son un cóctel de superhormonas diseñadas para impulsar nuestro éxito, no indicadores de cobardía. Debemos activar la adrenalina y el cortisol, el corazón y el alma, la mente y el cuerpo y tomar medidas de acción tempranas e inmediatas tan pronto como sintamos los nervios en el estómago.

El difunto gran Nelson Mandela dijo esto sobre el miedo: «Aprendí que el coraje no es la ausencia de miedo, sino el triunfo sobre él. El hombre valiente no es el que no siente miedo, sino el que vence ese miedo».

Motivaciones para la acción: tragedia, desesperación y elección

A veces nos vemos obligados a enfrentarnos a nuestros miedos; acorralados en una esquina donde la única salida es encontrar lo mejor de nosotros mismos, como explica Selina Lamy: «Mi trabajo siempre ha sido arriba y abajo, pero había bajado y ya no había un arriba. No obtenía nada de aquello, solo sabía que tenía que cambiar algo. No podía más. Me sentía miserable y volvía a casa malhumorada y exhausta. Entonces el mundo se puso patas arriba. Mi hermano, que padecía cáncer, bajó rápidamente la cuesta. Pasaba con él todos los fines de semana, y [el cáncer] se le había ido al cerebro. Había perdido la movilidad y la mente y el tres de noviembre murió. Después de que Jason falleciera, sentí que su vida había sido demasiado corta; sabía que había cosas que quería hacer y que ya nunca hará. Y luego pensé que no es suficiente ser esclavo del dólar corporativo. Realmente no es suficiente. La vida es demasiado corta. A mi hermano le debo perseguir una vida maravillosa, porque él no pudo hacerlo».

Hay una historia budista que también se centra en el potencial de la muerte como catalizador de un cambio significativo. Habla de una mujer cuyo hijo pequeño yace muerto en sus brazos.

Angustiada y frenética, lleva al niño por el pueblo pidiendo ayuda.

Al ver la muerte en el rostro del niño, los aldeanos se entristecen y le dicen a la madre que no pueden ayudarla. Uno, sin embargo, sugiere que visite a Buda. La madre coloca al niño a los pies del Buda y le ruega que le devuelva la vida.

Buda le dice a la mujer que para curar a su hijo y su tristeza tiene que volver a su aldea y traer una semilla de mostaza de cada hogar que nunca haya conocido la muerte.

Con lágrimas corriendo por su rostro, llama a puerta tras puerta solo para escuchar: «Lo siento mucho, no podemos darte una semilla de mostaza, la muerte ya ha visitado a esta familia antes».

De vuelta a los pies de Buda, ahora sosteniendo a su hijo muerto en los brazos por última vez, finalmente comprende la lección de Buda sobre la inevitabilidad de la muerte.

Uno escucha este tipo de historias una y otra vez, la tragedia que sirve como catalizador del cambio, ya sea en un texto religioso o en una historia personal. Tal como atestiguan Mandela, el arzobispo Tutu y Pathik Wadhwa, el investigador prenatal: el estrés a veces es necesario para el cambio.

Sin embargo, la tragedia no es necesaria para motivar el cambio; una simple elección es suficiente para hacerlo. Pero casi puedo garantizar que, a medida que salgas de tu zona de confort, experimentarás estrés, dolor y dudas sobre el dinero. En estos tiempos difíciles, puede ser útil tener en cuenta este pasaje de W. H. Murray de su libro de 1951, *The Scottish Himalayan Expedition*:

> Hasta que uno se compromete, hay vacilación, la posibilidad de retroceder, siempre ineficacia. Con respecto a todos los actos de iniciativa (y creación), hay una verdad elemental, cuya ignorancia mata innumerables ideas y espléndidos planes: que en el momento en que uno se compromete definitivamente, la Providencia también actúa... De la decisión surge toda una corriente de acontecimientos, levantando a favor de uno todo tipo de imprevistos y encuentros y ayudas materiales que ningún hombre hubiera podido soñar recibir.

Para Murray, su fe en la «Providencia» fue suficiente para guiarlo a través del miedo y la duda. Me he preguntado, entonces y ahora, ¿cuál es la «Providencia» que actúa para apoyar a los valientes?

Naturalmente, nuestros tres pilares tradicionales de pensamiento tienen sus opiniones: la religión puede llamarlo «Dios», la ciencia puede preferir la teoría evolutiva de la «selección natural» y la filosofía puede optar por seguir una línea media, en algún lugar entre las dos anteriores.

Sinceramente, no puedo confirmar qué fuerza, mecánica o divina, está en juego cuando se manifiestan los deseos de los valientes. Ojalá lo supiera, pero no lo sé; solo puedo decir que algo funciona a nuestro favor cuando nos encendemos con las llamas de la pasión y el significado.

Al principio, tu acción inicial puede ser confiar en que lo que digo es verdad, hasta que hayas experimentado el éxito suficientes veces como para creer de todo corazón y para que tu fe florezca.

Pero ¿cuál es la alternativa? ¿Quedarte para siempre atrapado donde estás, mirando por encima de la cerca la vida que sueñas que puedes vivir? Créeme. Salta la cerca. Todo estará bien. Nos vemos en el otro lado, donde nos espera alguna información importante que facilitará el proceso.

PARTE III

EL CAMINO DEL BUDISTA MILLONARIO

EL CAMINO ENTRE EL
DINERO Y EL SIGNIFICADO

Felicidades. Has elegido saltar la cerca. Tú y yo ya hemos recorrido un gran camino juntos y te agradezco tu compañía. Comenzamos este viaje por el camino del dinero: es un camino que la mayoría recorre sin darse cuenta de que hay alternativas. Habiendo aceptado que el camino del dinero podría no llevarnos al nivel de satisfacción previamente asumido, tomamos el camino del significado en busca de un propósito más profundo para nuestras vidas.

Sin embargo, a pesar de saber que la vida es más que dinero, no se puede negar que una vida con sentido no es suficiente por sí sola. Esos sobres marrones que contienen billetes todavía aterrizarán en nuestros felpudos, independientemente de nuestras vidas impulsadas por un propósito; los bancos seguirán exigiendo sus comisiones, independientemente de nuestros valores.

En la Parte III, continuaremos nuestro viaje juntos por un camino intermedio, navegando entre los extremos del éxito financiero y motivaciones más profundas. Será una forma de respetar las realidades de vivir en un mundo material moderno, con todas sus exigencias, y al mismo tiempo honrar pasiones y propósitos profundamente arraigados. Es el Camino del Budista Millonario.

Pero primero debemos prepararnos con un poco más de conocimiento.

Hay nueve lecciones que proporcionan la columna vertebral del Camino del Budista Millonario, como se me reveló cuando caminé en la Peregrinación de los 88 Templos.

Como se indica en la introducción de este libro, aunque las lecciones se aprendieron durante un sendero budista, no es necesario ser budista para disfrutarlas, solo un ser humano. Son igualmente aplicables a cualquier raza, color, credo, género o creencia religiosa.

Pero antes de explicar las nueve lecciones, me gustaría decir algunas palabras sobre el camino en sí.

En japonés, la palabra para camino es *dō* (pronunciado «doj»). *El kanji* (el pictograma caligráfico) de la palabra *dō*, como muchos en japonés escrito, puede tener innumerables significados. Aquí solo nos conciernen dos.

El primer significado es algo mundano y se traduce como «sendero», literalmente, la grava y el suelo de un camino o sendero.

El segundo tiene una connotación más espiritual y se traduce como «camino», una ruta que guía el viaje de la vida.

Recorrer un camino con el espíritu del *dō* es hacer más que utilizar el camino como un medio para ir de A a B. Caminar el *dō* es abrazar y comprometerse de todo corazón tanto con el camino como con su destino final. Así, el *dō* se convierte en una forma de vida, más que en un atajo hacia una meta; es tanto el medio como el fin.

Es posible que reconozcas el *dō* en algunas de las palabras japonesas que se han convertido en parte de nuestro propio léxico: *judo*: el arte marcial japonés de lanzar a un oponente; *aikido*: otro arte marcial, pero que se destaca por sus movimientos giratorios donde los oponentes son arrojados al suelo aparentemente con poco esfuerzo; *shodo*: el hermoso arte japonés de la caligrafía con pincel; *kendo*: el arte de luchar con espadas de bambú; *zendo*: una sala de meditación japonesa.

Viajar por un camino *dō* es arte, con todos los matices, el equilibrio sutil y la imprevisibilidad que conlleva el arte. Como tal, el *dō* nos conecta con esa «grandeza» que toca a todos los artistas; esa fuente de todas las cosas de las que provenimos.

Así como las pinceladas del calígrafo japonés (*shodo*) se arremolinan y descienden, y los brazos y cuerpo del artista marcial (*aikido*) se retuercen y giran, también lo hará tu viaje por el camino en el que nos estamos embarcando.

Tómate tu tiempo. Disfruta cada paso. Huele las flores a lo largo del camino y cosecha las recompensas al final.

El arte de la peregrinación

Hacer una peregrinación es *dō*. La gente ha caminado en peregrinaciones durante miles de años: la Peregrinación de los 88 Templos en Japón, Lourdes en Francia, el Camino de Santiago en España, el Camino del Peregrino en Inglaterra, el Camino de Abraham en Oriente Medio, por nombrar solo algunos.

Comprometerse a viajar, a menudo cientos de kilómetros, a lugares sagrados y santuarios es una de las prácticas espirituales más poderosas y efectivas disponibles para cualquiera que busque respuestas a las confusas preguntas de la vida.

Caminar es tan antiguo como la humanidad. Inicialmente, caminar del punto A al punto B se hacía por necesidad, un modo de transporte humano, pero cualquiera que alguna vez haya caminado largos recorridos testificará que caminar tiene muchos más beneficios que la mera locomoción.

John Muir (1838-1924) es uno de los conservacionistas más famosos e influyentes de Estados Unidos y un pionero del medio ambiente. En California en particular, es un ícono y a menudo se le conoce como «El Profeta del Desierto».

Las palabras y acciones de Muir ayudaron a inspirar los innovadores programas de conservación del presidente Theodore Roosevelt, incluido el establecimiento de diecisiete monumentos nacionales como el mundialmente famoso Gran Cañón y el homónimo de Muir, Muir Woods.

Muir era conocido por sus emocionantes aventuras en la Sierra Nevada de California y en los glaciares de Alaska.

«Miles de personas cansadas, nerviosas y supercivilizadas están empezando a descubrir que ir a las montañas es volver a casa. La naturaleza es una necesidad», dijo Muir sobre el valor de salir, presumiblemente a pie, a la naturaleza.

Cien años después y más cerca de casa (Londres), Ian McClelland ha encendido la llama de los viajes por la naturaleza y está iluminando las vidas de quienes caminan junto a él.

Ian es un hombre interesante: lleno de vida y pasión y un hábil oponente en las colchonetas de *jiu jitsu* brasileño (un arte marcial basado en la lucha y el agarre), que es donde lo conocí.

Como todas las personas de carácter, forjado a través de una experiencia directa, honesta y duramente ganada, es rápido para restar importancia a sus logros y es incapaz de darse autobombo; se olvidó enseguida de su licenciatura en Ciencias de la Salud. Ian es un hombre de acción. Recorre el camino, literalmente.

Ian lidera pequeños grupos de personas en expediciones a algunos de los destinos naturales más impresionantes del mundo, entre ellos Nepal, Islandia y Finlandia. Su interés no radica en el deporte orientado a objetivos de montañismo, sino en la experiencia de la peregrinación que cambia la vida y el alma y la comunión con la naturaleza en su estado más puro. «Cualquiera puede caminar», dice Ian, «está dentro del ámbito de todos. Cuando caminamos por las montañas, no tenemos el zumbido constante de los teléfonos móviles, la televisión, Internet, los anuncios que te dicen lo que debes y no debes ponerte. En cambio, les estamos inculcando las montañas [a los caminantes], y su termostato de realidad cambia».

Ian es uno de los muchos ejemplos de personas que aparecen en este libro que dedican su tiempo a hacer lo que aman y que se ganan la vida mientras lo hacen. Es un excelente ejemplo del hombre que ha encontrado el equilibrio entre el dinero y el significado, sobre todo porque su pasión también beneficia a los demás.

Se pueden obtener grandes beneficios del prolongado silencio y la soledad que ofrecen tanto la peregrinación como la comunión con la naturaleza.

Imagina una botella cerrada llena de agua y con un poco de barro en el fondo. Si la agitaras, obtendrías una versión con lodo de la típica bola de cristal navideña. Ese es un símbolo de nuestra mente, que exploraremos con más detalle más adelante.

Antes de la peregrinación, durante la rutina de la vida diaria, es posible que ni siquiera notemos el caos en nuestras metafóricas botellas con barro. A menudo estamos demasiado ocupados con el ajetreo diario.

Durante las primeras etapas de la peregrinación (para mí fue en los primeros catorce días), hay suficiente silencio para notar que hay una botella.

Con un silencio continuo y una vida sin distracciones, sentimos curiosidad por el contenido de esa botella: el barro girando y girando de un lado a otro dentro del agua. Antes no nos habíamos dado cuenta de que nuestros pensamientos eran tan dispares y estaban tan fracturados.

Con más silencio y una vida sencilla, podríamos notar que nuestros pensamientos arremolinados están, por fin, comenzando a calmarse, justo cuando el barro se deposita en el fondo de la botella, cuando ya no la agitas. Ya no aumentamos la confusión al pensar demasiado en las cosas, y dejamos de verificar nuestro estado en las redes sociales o de preocuparnos por los boletines de noticias.

Mucho más tarde, a medida que se asientan más y más pensamientos turbios, el agua se vuelve más clara y comienza a reflejar la sensación del poder tranquilo y fiable que siempre ha estado en nosotros, pero que fue oscurecido por el pensamiento turbio.

Este es nuestro ser más profundo: nuestra alma, nuestra naturaleza de Buda, nuestra llama interior, Dios, nuestro lugar feliz. Los nombres no importan, porque cuando nos abramos a ese «yo», reconoceremos la esencia: te sentirás menos como un descubrimiento y más como un reencuentro con un viejo amigo que siempre ha estado ahí, aunque un poco apartado de la vista. Esta es la misma esencia que sentimos cuando miramos al cielo, al mar o al fuego. Esta es la fuente de la casualidad y la providencia de la que habla W. H. Murray (a quien nos referimos en el capítulo sexto) en su libro, y que Ian utiliza para ayudar a «reiniciar sus equipos de caminantes»; es la fuente de tu poder personal, el poder en el que llegarás a confiar para que te ayude a vivir la vida y desempeñar el trabajo de tus sueños.

Al caminar por el sendero del budista millonario, nos reuniremos con ese poder personal y también utilizaremos las siguientes nueve lecciones clave que se me revelaron durante mi peregrinaje en Japón.

He utilizado esas mismas lecciones, junto con la reconexión regular a mi poder personal, para diseñar mi propia vida con éxito, y las ofrezco aquí para que tú hagas lo mismo si lo deseas.

Las lecciones son:

1. Empieza desde donde estás.
2. El arte de «dar un paso».

3. Cuando el alumno está listo, aparece el maestro.
4. El arte de la sencillez.
5. La recarga de las baterías.
6. Las pequeñas victorias.
7. La ley del karma.
8. El amor y la gratitud.
9. Cerrar el círculo: lo sabías desde el principio.

Los describiré con más detalle en la siguiente parte del libro. Ahora debes tener claro a dónde quieres ir. Es de esperar que los ejercicios sobre «encontrar tu *wa*» te hayan ayudado a determinar el propósito y la pasión que será tu nuevo «trabajo». Si todavía estás deliberando, no te preocupes. Este es un proceso en constante evolución e incluso los lectores más decididos pueden tener que cambiar su ruta a medida que avanzan.

LECCIÓN 1:
EMPIEZA DESDE
DONDE ESTÁS

«Soy lo que soy.»

SHIRLEY BASSEY

Suele decirse que un «viaje de mil kilómetros comienza con un solo paso», pero esta máxima está incompleta: hay pasos antes de ese momento tan importante.

Antes de que se pueda dar cualquier paso, primero debemos decidir a dónde queremos ir. En este caso, es hacia un trabajo significativo y rentable. También es fundamental reconocer y aceptar el punto de partida de nuestra aventura. Entonces, y solo entonces, estaremos adecuadamente equipados para comenzar.

Hace muchos años, cuando estaba estableciendo mi primer negocio, una clínica de *shiatsu* en las afueras de Londres, seguí algunos consejos del marido de mi profesora de japonés. Eiko es una dama japonesa maravillosamente elegante que me guio hacia el éxito en mis exámenes de idioma y me presentó a su esposo, Jim, a quien traté por dolor de espalda. El *shiatsu* es una terapia corporal manual de origen japonés. Es un híbrido de estiramiento, masaje, fisioterapia y osteopatía que se desarrolla en el contexto de la teoría médica tradicional del Lejano Oriente: meridianos, puntos de presión, *chakras*, etc. El *shiatsu* es esencialmente acupuntura sin agujas.

Durante el tiempo que Jim fue mi paciente, desarrollaba mi práctica de *shiatsu* en una «clínica móvil». Con un futón colgado del hombro, visitaba casas en Londres y sus alrededores, arreglando espaldas, recolocando rodillas, aliviando migrañas, calmando mentes y dando consejos sobre una vida saludable. Me encantaba. Finalmente llegó el momento de expandir mis horizontes y encontrar un sitio permanente donde ofrecer mis tratamientos, y fue Jim quien fue fundamental para mi éxito, pero no de una manera que yo disfrutara.

A los sesenta y tantos años, Jim creó, desarrolló y luego vendió varios negocios muy exitosos; todos se habían vendido por sumas de seis o siete cifras. Las grandes empresas lo contrataban como consultor y solucionador de problemas. Jim me ofreció consejos, creo, porque simplemente disfrutaba al ver a la gente tratar de hacerse cargo de su trabajo y de su vida empresarial e impulsar su evolución financiera; pero era tan brutal como benévolo.

Una semana, después de completar su tratamiento de *shiatsu*, Jim me preguntó cómo iba mi nueva clínica. Le dije que todo iba muy bien, que iba estupendamente y que todo estaba saliendo a pedir de boca. Me permitió darle esa respuesta genérica solo una vez.

La siguiente vez que me preguntó por mi nueva clínica y le ofrecí un resumen vacío e imparcial de su salud, me miró directamente a los ojos y me envió a su escritorio a buscar un bolígrafo y una hoja de papel:

—Matt —dijo Jim sin apartar los ojos de mí—, ¿cómo va el negocio? —Luego me ordenó que anotara en el papel el número de clientes que había tratado en la clínica la semana pasada. Anoté tres y no pude mirarlo a los ojos.

La verdad era que mi «gran movimiento empresarial», mi ascenso de terapeuta errante de *shiatsu* a competidor de negocios serio con mi propia clínica, no estaba despegando como esperaba. Jim lo sabía. Yo también lo sabía, pero estaba demasiado avergonzado para admitírselo a él y, lo que es más importante, a mí mismo.

«Escribir los hechos no es juzgarte a ti mismo», me enseñó Jim, «pero ¿cómo puedes esperar tener éxito si no puedes admitir sincera y abiertamente lo que hay que arreglar? Escribirlo lo hace concreto, innegable. Una vez que sabes dónde estás, sabes lo que necesitas hacer para llegar a donde quieres ir».

Fue una lección de vida y de negocios que se me ha quedado grabada desde entonces y que me ha brindado muchas recompensas. Dondequiera que nos encontremos en la vida, esa lección es correcta y apropiada. Somos quienes somos en un momento dado y es imposible ser otra cosa. Si pudiéramos haberlo hecho mejor, lo habríamos hecho mejor. Si pudiéramos estar en una mejor posición en la vida, estaríamos en una mejor posición en la vida. La preocupación o la negación no cambiarán los hechos.

Al bajar del avión después de llegar a Japón a las 2 de la madrugada de una fría noche de febrero, me paré frente a las puertas cerradas del templo Ryozenji, el primero de los 88 templos que constituyen la famosa peregrinación.

Mientras estaba allí, congelado, me di cuenta de que no sabía casi nada de los detalles del viaje que tenía por delante. Había tomado la decisión de hacer la peregrinación literalmente de la noche a la mañana, por un capricho inspirado y sin hacer ninguna investigación significativa. Siguiendo el consejo de Jim y ahora enfrentado a una situación en la que la negación hubiera sido inútil, hice un inventario sincero de mi difícil situación. Admití para mí mismo que no sabía literalmente nada de la tarea que tenía por delante. Estaba a punto de dar un paso, casi a ciegas, por un camino sobre el que no sabía nada, pero que quería recorrer de todos modos.

Esta autoadmisión de mi abrumadora ignorancia al menos me permitió armarme de valor, «morder la protección bucal», como dicen los boxeadores en una pelea imposible de ganar, y prepararme para el arduo viaje de autodescubrimiento que estaba por venir.

Así como una vez traté de engañar a Jim sobre mi negocio, pocos de nosotros estamos preparados para ser sinceros con nosotros mismos y con los demás sobre nuestra situación actual en la vida. Es como si tuviéramos miedo de ser honestos sobre nuestro «estado» en caso de que no coincida con las expectativas arbitrarias de los demás y confirme nuestra falta de éxito. Sospecho que, al meter la cabeza en el agujero como los avestruces, intentamos evitar la dolorosa verdad de que todavía no estamos donde queremos estar o no somos quienes queremos ser. En cambio, ignoramos dónde estamos, aumentamos nuestro éxito al volver a contar historias y publicamos solo nuestras mejores fotos y estados en las redes sociales.

Sin embargo, esta negación de las circunstancias no mejora nuestra situación; todo lo que hace es ganar una gran cantidad de vacíos «me gusta» para una publicación de Facebook. Cuando negamos dónde nos encontramos, también nos negamos el acceso a las habilidades de pensamiento crítico, motivación, energía y providencia que se movilizan para permitirnos movernos de donde estamos a donde queremos estar.

El primer paso para crear una vida laboral que te apasione por completo podría ser simplemente admitir que ahora mismo no estás donde quieres estar. Y eso está bien. Es un gran comienzo sincero, desde donde el único camino que puedes iniciar es de subida.

Puede que el siguiente ejercicio te resulte útil. Completa los espacios en blanco en estas oraciones:

Yo, [tu nombre:] _____ *, actualmente me gano la vida [tu trabajo actual:]* _____
_____ *, y lo encuentro [tus sentimientos al respecto]*
_____ *; si soy honesto, lo que realmente me gustaría hacer es [escribe dónde quieres estar y qué quieres hacer:]* _____
_____

Aquí hay un ejemplo simulado si estás atascado:

Yo, *Fred Flintstone*, actualmente me gano la vida *haciendo clavijas cuadradas para agujeros redondos*, y lo encuentro *realmente aburrido y agotador*; si soy sincero, lo que realmente me gustaría hacer *es escribir un libro sobre el bienestar de los dinosaurios*.

Aceptación, autoestima y la tragedia occidental

Dukkha es una palabra sánscrita,[11] utilizada en el budismo, que se traduce aproximadamente como «insatisfacción». Los budistas la usan para describir el estrés, la ansiedad y el sufrimiento que ocurren sin falta, muchas veces, durante el curso de nuestras vidas. *Dukkha* encapsula el estrés que proviene de tratar de cambiar o de manipular cosas que no se pueden controlar, colocando clavijas cuadradas en agujeros redondos, por así decirlo. Eso, para la mayoría de nosotros, es el meollo de nuestra insatisfacción diaria: la fuente profundamente arraigada del «En todas partes y en ninguna» del que hablamos en la Parte I.

El concepto de *dukkha* se puede ver en muchos lugares. *Manteniendo las apariencias* fue una comedia de situación de la televisión británica en la década de 1990 y un elemento básico de entretenimiento para muchos británicos ahora en sus cuarenta. El programa seguía las desgracias de una mujer de clase trabajadora, Hyacinth Bucket («Bouquet», como Hyacinth corregiría a quienes se atrevían a pronunciar su apellido como

---

11. El sánscrito es el idioma antiguo del budismo.

el recipiente para transportar agua), [12] mientras luchaba por ganar posición entre las altas esferas de la sociedad. Como parodia, es muy gracioso porque, hasta cierto punto, todos podemos reconocer en nosotros mismos un poco de la necesidad de Hyacinth de aparentar frente a los demás.

Nuestras mentes son hermosas. La conciencia humana es un regalo maravilloso que nos separa del resto del reino animal. Pero este elixir de pensamiento crítico también puede ser un veneno. Cuando estamos en equilibrio, nuestras facultades cognitivas nos permiten crear, evolucionar, soñar y establecer y alcanzar metas. Sin embargo, si no tenemos ese equilibrio, pueden llenarnos de estrés, miedo, dudas e insatisfacción, y ponernos en una pendiente descendente hacia un profundo descontento.

La sociedad y las economías modernas nos alientan al descontento y nos atraen a un esfuerzo sin fin; si no estamos «creciendo» o «manteniendo las apariencias», entonces estamos fracasando y quedándonos atrás. Esta es la psicología oculta con la que luchan contra nosotros las empresas con estrategias de ventas que nos instan a «actualizarnos». FOMO (*Fear of Missing Out* en inglés), el miedo a perderse algo, es otra táctica de *marketing* que se utiliza en nuestra contra, por ejemplo, en anuncios o promociones que sugieren que «las existencias son limitadas» o que «esta oferta terminará en tres días».

La insinuación tácita es que si nos perdemos la «última actualización» o el «nuevo dispositivo superavanzado», de alguna manera somos insuficientes o inferiores al resto. La ma-

---

12. *Bucket*, en inglés significa «cubo», «balde». *(N. del T.)*

yoría hemos experimentado estar atrapados en esa red de consumidores, esperando impotentes a que nos alimente con la próxima oferta vacía. De esa manera, no estamos mucho mejor que un adicto esperando la próxima dosis.

Cuando esto sucede, hemos caído incuestionablemente en el sentimiento *dukkha*. Nos resistimos a verlo, e incluso negamos dónde estamos y, en cambio, compramos «cosas» para crear la ilusión de que estamos en un lugar mejor.

El antídoto para el sentimiento *dukkha* es la autoaceptación y su contraparte es la satisfacción, pero ambas son artes que deben cultivarse. Se necesita práctica, habilidad y esfuerzo para resistir la tentación de autoflagelarnos por cada pequeña indiscreción, falla o fragilidad en nuestra constitución. Paradójicamente, sin autoaceptación y satisfacción, es casi imposible establecer, perseguir y alcanzar metas. Debemos aprender a equilibrar la aceptación de dónde estamos en la vida con el lugar al que queremos ir sin condenarnos a nosotros mismos por no haber llegado todavía. Esta paradoja me atormentó durante muchos años hasta que se resolvió durante la Peregrinación de los 88 Templos.

Una de las enseñanzas clave del budismo es que nuestro esfuerzo (lo que los budistas a menudo llaman «aferrarse») es lo que nos conduce al descontento y la infelicidad. O estamos rumiando sobre el pasado o preocupándonos por el futuro, perdiendo así el regalo del único tiempo que puede existir: el presente.

Durante mucho tiempo, temí que seguir una vida de aceptación y satisfacción, a la manera budista, significaría tener que abandonar todos los objetivos y, en cambio, estaría destinado a vivir en una especie de niebla *hippie* sonámbula y desprovista de toda ambición. Me encanta establecer metas y lograrlas, me hace sentir vivo. Creo que esforzarse y evolucionar honra la maravilla de la vida. Estoy seguro de que Charles Darwin habría estado de acuerdo.

Sin embargo, durante la Peregrinación de los 88 Templos, aprendí que la autoaceptación y la satisfacción no nos excluyen de intentar mejorar nuestra posición en la vida; nos liberan para hacerlo más fácilmente.

Fue una idea que me vino aproximadamente a la mitad del camino de peregrinación. Me senté al pie de las escaleras de uno de los templos que había visitado, me quité la mochila de la espalda y me metí en un campo de árboles llenos de grandes y jugosas satsumas (*mikan*) que crecen abundantemente en Shikoku. Me sorprendió, como suele ocurrir con las percepciones, de la nada: los budistas han recorrido la Peregrinación de los 88 Templos en busca de la iluminación durante cientos de años, ¿y la iluminación no era también un objetivo? ¿No era esto una forma de descontento, de aferrarse a algo? Seguramente un monje satisfecho, que aceptara su posición en la vida, simplemente se quedaría en el templo y meditaría.

Entonces me di cuenta de que la lección sobre aferrarse no se trataba de no hacerlo; eso sería imposible. Desde que la primera célula se dividió en dos, hemos estado luchando y buscando otro mañana, tal vez mejor. Es parte del orden natural. La lección budista sobre aferrarse, entonces, no es fomentar la inercia sin ambición, sino la autocreación y la reinvención, simplemente sin el estrés, la culpa y la duda a la que nos hemos acostumbrado. De esta manera, jugamos por amor al juego en lugar de temer la pérdida. Y lo que se siente es bueno. Realmente magnífico. Esta es la fuente de las alegres mariposas que sentimos cuando saltamos de la cama por la mañana para adentrarnos en una vida laboral que apreciamos por completo. Llenos de amor y pasión por lo que hacemos, no hay lugar para lo negativo, solo para lo positivo, y el éxito tiene una divertida manera de seguir a lo alegre.

Ganador de MasterChef

Uno de los aspectos más interesantes de escribir este libro fue entrevistar a las muchas personas que, a sabiendas o no, están recorriendo con éxito el Camino del Budista Millonario. Una de ellas es Dhruv Baker.

En 2010, Dhruv Baker, nacido en México y criado en la India, dejó su trabajo en ventas de medios para participar en la serie de 2010 del exitoso programa de la BBC, *MasterChef*. Ganó con algunas creaciones culinarias impresionantes, deliciosas y llenas de pasión. Dhruv es un ejemplo perfecto de un budista millonario y tenía algunas ideas valiosas sobre otras personas de su sector que se sienten igualmente satisfechas y tienen éxito:

«Todas esas personas son increíblemente apasionadas, siempre tienen una sonrisa en la cara, tienen un éxito inmenso en los términos en que consideramos el éxito tradicionalmente, que es invariablemente el rendimiento financiero», me dijo Druhv. «Pero en realidad, el dinero es algo secundario. Algunas personas tienen más dinero del que puedo imaginar, pero todavía trabajan porque aman lo que hacen.»

Los marcadores financieros tradicionales del éxito son lo que muchos de nosotros nos esforzamos por lograr para aparentar frente a los demás, a menudo a expensas de nuestra felicidad. Me pregunté, y también lo hizo Druhv, si los marcadores podrían ser diferentes.

«Hay una escala», dijo Druhv. «En un extremo tenemos el indicador tradicional del éxito, el dinero, y en el otro extremo, alguien como mi proveedor en Francia, un viejo francés que está más loco que nadie que conozca. Tiene una parcela de aproximadamente una hectárea donde cultiva unos productos extraordinarios con un sabor como nunca has probado. Este viejo francés trabaja unos ocho meses al año. Su vida no cambia en absoluto. Después de haber trabajado sus ocho meses, simplemente se sienta y toma café y fuma cigarrillos y está perfectamente feliz. Podrías decir «aquí tienes diez millones de euros para mejorar tu producción» y te miraría como si estuvieras loco.

Está profundamente contento... No es que se haya asentado o haya dejado de esforzarse. Creo que eso le hace un flaco favor. Está contento y feliz.

«Para este tipo de personas, el aspecto financiero de la vida es irrelevante. Creo que a veces la gente debe tener el lado financiero para compensar el hecho de que tienen una vida vacía», concluyó Dhruv.

Su historia ayuda a resaltar uno de los puntos clave de este capítulo: la felicidad no es exclusiva de los que están contentos, así como el éxito no es exclusivo de los que persiguen objetivos. Es posible y aceptable ser uno o ambos. Si deseas esforzarte y ganar dinero, no hay problema; si deseas trabajar unos meses al año y pasar el resto tomando café, ¿por qué no? El denominador común, sin embargo, es una existencia vivida con pasión en lugar de miedo, y estar contento y ser sincero con las decisiones que tomas, elevadas o no.

Ahora que has evaluado con sinceridad el punto de partida de tu viaje y has mirado hacia dónde podría terminar, es hora de averiguar cómo abordar una tarea tan gigantesca.

LECCIÓN 2:
EL ARTE DE DAR UN PASO

«¿Cómo se come un mamut? ¡De un bocado tras otro!»

PROVERBIO

*«Nants ingonyama bagithi Baba Sithi uhm
ingonyama...»*

LEBO M., El ciclo de la vida

Las palabras en zulú al comienzo de la canción de *El Rey León*,
El ciclo de la vida, hacen que un cosquilleo te recorra la columna
y señalan el comienzo de una procesión de animales que caminan, deambulan, brincan y bailan por los pasillos del teatro, casi
rozando los codos con los espectadores atónitos y cautivados.
Durante las próximas dos horas y media, la audiencia quedará
paralizada por los colores sensuales y los gloriosos sonidos del
musical de éxito y se perderá en la fantasía del entretenimiento.

Estaba entre el público con mi esposa para ver a George
Asprey interpretar al villano león de la obra, Scar. Es un papel

que ha interpretado durante más de diez años, un tiempo inusualmente largo para las funciones de teatro del West End, que generalmente no duran más de seis meses. Me fascinó saber cómo se las arregló George para mantener su papel tan vibrante, apasionado y creíble después de todo este tiempo.

«Nunca me pongo nervioso por tener que ir a trabajar», me dijo George después. «Por supuesto que hay días en que no tengo bien la voz; es como si en ese momento tuviera un juanete en el pie; es un poco doloroso, y sé que la función será difícil, pero nunca tengo esa sensación de «Realmente hoy no quiero ir a trabajar».

Es la habilidad principal de un actor o una actriz de talento: dar tanto de sí mismo que el público se pierda en su interpretación.

«Creo que como actor puedes dar por sentado la manera en que haces que se sienta un espectador», dice George. «Pero muchas veces, cuando vuelvo a casa en el tren y estoy sentado en el vagón con una familia que acaba de ver la obra, todo lo que veo en ellos, grandes y pequeños, es que están entusiasmados. El teatro ofrece mucho más que las dos horas y media de producción. Es una pieza en vivo, es totalmente inmersiva y cuando el público está en llamas y se ríen de todo y escuchan cada broma, simplemente eso llena tu corazón con completa efervescencia; subes al escenario con confianza, amor y respeto por el público. La relación es simbiótica. Entonces, sientes que puedes influir en alguien a través de tu trabajo, ves a alguien afectado por lo que has hecho y escuchas a la gente decir: "Al final he llorado a moco tendido", y eso ha ocurrido por lo que has hecho tú. Has influido en las emociones de otro ser humano. Si mantienes una relación con el otro, puedes conseguirlo. En cierto modo, tenemos una relación con el público.»

La manera en que hablaba de su trabajo parecía casi profética, y cuando le pregunté a George acerca de eso, me respondió: «Soy un poco reticente a utilizar la palabra "religión", pero creo que hay algo de espiritual en ello».

La pasión de George por su arte y el éxito posterior lo califican claramente como un budista millonario, pero fue algo más lo que me llevó a entrevistarlo.

La actuación es una de esas carreras creativas, junto con el canto, los deportes profesionales, la literatura y el arte, que es famosa por ser casi imposible entrar en ella, y con la que muchos sueñan pero pocos alcanzan.

Ante la gigantesca tarea de «triunfar en el mundo del espectáculo», muchos abandonan por completo sus sueños y se conforman con carreras que simplemente pagan las facturas, o reducen sus expectativas y se conforman con mucho menos de lo que alguna vez desearon. Excepto George. Y yo quería saber su secreto. Como muchos otros, George se sintió atraído por la actuación a una edad temprana: «Desde que era niño participaba en obras de teatro escolares, hacía imitaciones de personas y de alguna manera siempre era el payaso de la clase. Creo que desde los tres años sabía lo que iba a hacer».

Continuó explicando su ruta de A a B después de sus días escolares:

- A los diecinueve años, después de un breve período en el ejército, George se mudó a Estados Unidos para asistir a la escuela de negocios.

- Mientras estaba en los Estados Unidos, en su tiempo libre de estudios empresariales y por diversión, asistió a otro curso: Actuación 101.

- Después de participar en una obra de teatro del curso Actuación 101, una mujer se acercó a él y le recomendó que regresara a Londres para asistir a la LAMDA (Academia de Música y Arte Dramático de Londres) con miras a seguir una carrera en la actuación.

- En 1990, George se graduó en la LAMDA y consiguió su primer trabajo como actor profesional en la comedia musical navideña *Maggie the Cow*.

- Después de recibir finalmente su tarjeta Equity,[13] George pasó los siguientes cuatro años interpretando varios papeles en producciones de teatro musical como *Guys and Dolls*, *The Sound of Music* y *Scrooge*.

- A George se le otorgó un pequeño papel en la película *Frankenstein* de Kenneth Branagh.

- Después de *Frankenstein*, le ofrecieron su primer papel principal en una película, *The Dying of the Light*, por la que fue nominado a un premio BAFTA.

---

13. Prueba de membresía de la Asociación de Equidad de Actores de los Estados Unidos o de Gran Bretaña. *(N. del T.)*

- Continuó trabajando durante varios años en el circuito televisivo en varias producciones, antes de conseguir otro papel protagonista en una película, *The Greatest Game Ever Played*, sobre golf.

- En 2006, George regresó al escenario del teatro musical para interpretar el papel de Billy Flynn en el musical *Chicago*.

- Fue después de Chicago cuando a George le dieron el papel de Scar en *El Rey León*.

Cuando se considera el «camino hacia el estrellato» de George, es evidente que ha sido un recorrido largo y difícil hacia su bien merecido éxito. No era un niño prodigio destinado de inmediato al estrellato. George ha estudiado, trabajado (a menudo en papeles mediocres), aprendido, trabajado y estudiado de nuevo hasta que finalmente cosechó las recompensas de sus años de servicio a la actuación. Como puedes ver, no ha habido atajos.

Al conocer las realidades de los viajes hacia el éxito de otras personas, es fácil sentirse abrumado por la cantidad de tiempo, sangre, sudor y lágrimas que implicaba escalar una carrera difícil. Al mismo tiempo, tenemos la tendencia a escuchar y tomar nota solo de las partes emocionantes de una historia determinada: el principio y el final. Y, sin embargo, es en «el medio tedioso» donde se logra el éxito, y esa es la razón por la que he dedicado espacio en este libro a tratar de ayudarte a descubrir las pasiones de tu vida. La vida tiene sus momentos difíciles, y cuando disfrutamos del camino, cuando hemos optado por caminar, es más fácil sobrevivir al viaje cuando sin duda surgen tiempos difíciles. Por el contrario, si nuestras elecciones se basan simplemente en la última moda o pasatiempo, será casi imposible reunir la motivación para superar incluso los obstáculos más pequeños en el camino.

Los largos kilómetros intermedios, marcados por comienzos inspirados y finales de celebración, son donde pasaremos la mayor parte de nuestro tiempo durante este viaje. En la Peregrinación de los 88 Templos, una representación microcósmica de la vida, el Templo 1 representa el nacimiento, el Templo 88, la muerte; el resto son los años intermedios. Cualquiera que haya sido testigo de los primeros días mágicos después del nacimiento de su hijo puede dar fe de que rápidamente dieron paso a los arduos años de rutina una vez que regresaron a casa desde el hospital.

Sin embargo, esta admisión de la realidad del «medio aburrido» no mancha la vida; más bien, diría yo, confirma su majestuosidad. Una vez que la emoción inicial de una historia de amor termina, en su lugar, aparte de los ronquidos, la ropa que queda en el suelo y el tapón de la pasta de dientes lejos del tubo, es de esperar un amor profundo, rico, maduro y magníficamente «ordinario» que es tan maravilloso como rutinario. Esta profundidad es un bien escaso en el mundo moderno de hacer clic, zumbar y deslizar que ensalza las virtudes vacías de la gratificación inmediata.

La verdad es que la vida es un trabajo duro. Agradecidamente. Nada significativo llega sin esfuerzo. Eso no quiere decir que la vida sea un trabajo deprimente, para nada. Es decir que la vida tiene lecciones maravillosas que solo se pueden apreciar si te has comprometido con el juego el tiempo suficiente para aprenderlas.

Mientras caminaba los 1.400 km entre el Templo 1 y el 88, me di cuenta de algo en lo que George debió de haberse fijado en sus muchos años desde que comenzó su carrera como actor. Frente a tareas gigantescas y desafíos aparentemente insuperables, solo hay una cosa que podemos hacer: dar un paso cada vez. Para George, sus pasos le allanaron el camino desde el payaso en el aula hasta la nominación al BAFTA y más allá. Para mí, cada paso me acercó al siguiente templo y las lecciones que contenía.

¿Qué significa todo esto para ti? Es simple: una vez que hayas decidido el trabajo, la carrera o el negocio que realmente te gustaría hacer en tu vida, es probable que el tamaño de la tarea que tienes por delante pueda parecer abrumador. Si es así, concéntrate en el siguiente paso que debes dar.

Mientras tanto, olvídate del «panorama general» de tus sueños más grandiosos y restringe la atención al aquí y ahora, al paso o acción más pequeña que se encuentre inmediatamente frente a ti. No te preocupes de que concentrarte en lo mundano sofoque tu creatividad, no lo hará. Una multitud de pasos individuales conducen a tierras exóticas e invisibles. Los latidos del corazón de la vida palpitan con tanta fuerza en un paso como en muchos.

Enfrentarte a las cosas paso a paso puede significar que tu salida de un trabajo, sobre el cual eres ambivalente, hacia una carrera soñada será gradual en lugar de inmediata.

Siempre he sido alguien que ha saltado, con los pies por delante, hacia mis metas y deseos, confiando en que la vida me atrapará en su invisible red de seguridad. Pero este método extremo de cambio no es para todo el mundo y, como ocurre con todas las cosas, hay muchas rutas hacia el éxito. George sugirió un enfoque más sutil (y más sensato). «No dejes de hacer lo que estás haciendo. No le cortes la cabeza y esperes que el cuerpo siga viviendo. Simplemente haz cambios incrementales», dijo.

«Así, por ejemplo, los fines de semana, durante tu tiempo libre, persigue tu pasión. Comprueba si puedes comenzar a ganar un poco de dinero con eso. Comprueba si a la gente le gusta tu pasión y si puedes comenzar a pagar las facturas con el dinero obtenido de esa manera. Luego auméntalo, auméntalo y auméntalo hasta que finalmente llegue el momento en que tengas que dejar tu trabajo actual. Creo que es realmente importante hacerlo de una manera en la que no te fuerces a caer en una situación financiera desesperada.»

Un gran consejo de alguien que «ha estado allí y ha hecho eso».

Echemos un vistazo a un ejercicio que te ayudará a pensar en esos pequeños pasos tan importantes.

Toma una hoja de papel y gírala de modo que quede en posición horizontal frente a ti.

En el extremo izquierdo del papel escribe dónde te encuentras actualmente en términos de trabajo, por ejemplo, «Estoy trabajando en la fábrica de artilugios de Bartholomew».

En el extremo derecho del papel, escribe dónde deseas terminar idealmente. Sé valiente, no escatimes en tus ideales, por ejemplo: «¡Soy un novelista galardonado y de grandes ventas perseguido por todos los editores del mundo!»

Dibuja una línea recta entre los dos. Comenzando por tu objetivo final, trabaja hacia atrás en pasos:

- Soy un novelista galardonado y de gran éxito de ventas.
- Ser aceptado por un editor que ama mi manuscrito, me apoya y tiene la capacidad de llevar mi libro a muchos lectores.
- Conseguir un agente que pueda encontrar un editor al que le encante mi manuscrito.
- Investigar cómo encontrar un agente.
- Trabajar en mi manuscrito para que sea lo suficientemente bueno como para llamar la atención de un agente.
- Apuntarme a un curso de escritura sobre estructura, diálogo y ritmo de escritura.

¿Puedes ver hacia dónde va este ejemplo? Diviértete con este ejercicio; no es una ciencia exacta porque, por supuesto, la vida nunca se puede planificar por completo, pero sacudirá tu cerebro en busca de respuestas creativas.

Retrocede los pasos hasta llegar a algo que puedas hacer hoy, que te acerque un paso más a tu sueño. Ese paso podría ser tan pequeño como leer una publicación de blog sobre escritura creativa, pedir un libro sobre escritura o simplemente escribir una publicación de blog tú mismo y aprender sobre la marcha (algo que recomiendo encarecidamente).

A todos nos encanta el subidón que se obtiene al completar una tarea, por pequeña que sea. Estas pequeñas ganancias son adictivas, de una manera positiva, y pronto descubrirás que se sumará tu compromiso constante con ellas para convertirse en avances significativos en la montaña de tus deseos.

A veces, sin embargo, incluso después de abrazar la idea de «un paso cada vez», surge un problema: nos damos cuenta de que, en realidad, no sabemos cuál podría ser el siguiente paso. En este caso, necesitaremos la guía de la Lección 3.

LECCIÓN 3:
CUANDO EL ALUMNO ESTÁ LISTO, APARECE EL MAESTRO

Abrí la puerta principal a un ominoso silencio. Nuestro *Jack Russell terrier*, Smudge, estaba sentado sobre las patas traseras mirándome con los ojos muy abiertos y una expresión de desconcierto en el rostro. «¿Hola?», dije, inseguro del paradero de Sheri, mi esposa. Después de buscarla por los lugares donde por lo general la encuentro cuando llego a casa, no esperaba lo que vi.

Sheri estaba en nuestro dormitorio, sentada en el suelo al otro lado de la cama, llorando con las manos tapándose la cara. No la vi al principio; fue Smudge quien la delató cuando saltó sobre la cama y ladró en su dirección.

«¿Qué diablos ha pasado?», le pregunté, preocupado y temiendo lo peor. «No sé qué hacer», sollozó Sheri.

Las cuatro etapas del aprendizaje

El proceso de aprendizaje se ha llamado de diferentes maneras en diferentes momentos. En 1969, el instructor de gestión Martin M. Broadwell se refirió a las etapas de algo llamado «modelo psicológico». Luego, en 1970, el psicólogo Noel Burch describió el modelo como «Las cuatro etapas para aprender cualquier habilidad nueva» y comenzó a utilizarlo mientras enseñaba *coaching* empresarial en comunicación y relaciones humanas.

El modelo de psicología comprende cuatro etapas por las que todos pasamos cuando aprendemos algo nuevo. Estas son:

1. **Incompetencia inconsciente:** en esta primera etapa, una persona simplemente no sabe lo que no sabe; es totalmente inconsciente de un déficit de conocimiento, posiblemente ni siquiera sea consciente de que la adquisición de una nueva habilidad es necesaria en primer lugar.

2. **Incompetencia consciente:** en la Etapa 2, un individuo reconoce que tiene habilidades deficientes en un área en particular y puede comprender el valor de adquirirlas. Ahora sabe lo que no sabe y puede comenzar el viaje de aprendizaje.

3. **Competencia consciente:** un individuo sabe cómo hacer algo, pero siendo relativamente temprano el inicio de su aprendizaje, todavía necesita altos niveles de con-

centración para realizar la habilidad. En esta etapa puede hacerlo, pero aún no es natural.

4. **Competencia inconsciente:** un individuo está tan bien versado en la habilidad que puede desempeñarla sin pensar; no solo eso, también pueden llevarla a cabo mientras ejecuta otra tarea. La habilidad es una segunda naturaleza. Está «en las células», por así decirlo. Ahora están rodando.

Cuando entras a un nuevo mundo, entorno, dominio o carrera, vuelves a convertirte en un principiante. La Peregrinación de los 88 Templos, una peregrinación tortuosa más que lineal (como, por ejemplo, el Camino de Santiago), termina en Ryozenji, el Templo 1, donde comenzó todo. El simbolismo de esto no puede ser exagerado: al final de un viaje, como adepto, comenzamos otro, como novato. Si nos atrevemos a recrearnos de nuevo, entonces sin excepción este es el orden de las cosas. Con la actitud y la comprensión adecuadas, también es donde reside la diversión.

Sheri, con la cabeza entre las manos, lloraba mientras se encontraba suspendida en el limbo en algún lugar entre las dos primeras etapas de las cuatro del modelo de aprendizaje. Era una novata en un mundo nuevo y simplemente no sabía qué tenía que hacer a continuación. Y eso la aterrorizaba.

Sheri tiene experiencia en la enseñanza; sus dos padres eran profesores y era algo inevitable que ella siguiera sus pasos, a pesar de su superficial resistencia adolescente a continuar con el «negocio familiar».

«Mi madre no paraba de decirme: "Deberías ser maestra", y yo le contestaba: "No, no quiero serlo"», explicó Sheri. «Más tarde llegó el momento de la experiencia laboral, yo tenía alrededor de dieciséis o diecisiete años y todos debíamos encontrar un puesto. Terminé en una escuela llamada Northdene, en la que mi madre era la subdirectora. Pensé: "Bueno, lo intentaré, solo son dos semanas". Terminé disfrutándolo mucho», admite, «e incluso me permitieron dirigir una clase durante un par de días, cuando una maestra se puso enferma.»

«Empecé a pensar que, en realidad, eso era lo que debería estar haciendo. Entonces, solicité la admisión a la universidad de formación de profesores, conseguí una plaza y, tres años después, me gradué como maestra.»

Sheri enseñó a tiempo completo durante más de veinte años, trabajando con una amplia gama de personas, en su mayoría niños, en diferentes países del mundo, incluidos Sudáfrica, los Emiratos Árabes Unidos y el Reino Unido. Tiene una habilidad para enseñar a los niños que algunos tildan de «don», y es una de esas maestras que permanece grabada con cariño en la memoria de un niño hasta la edad adulta (todos tenemos un profesor así; el mío era el Sr. Lee, mi maestro de rugby).

Así que fue un impacto para su familia cuando, no hace mucho, decidió cambiar su carrera y convertirse en artista.

«Mi madre tuvo un colapso cuando le dije que dejaba mi trabajo de maestra», dijo Sheri. «No estudié arte en la escuela, nada significativo de todos modos, pero siempre me fascinó», admite. «Al crecer, mi familia tenía una amiga, una vecina llamada Lynne Barry. Yo solía cuidar a sus hijos cuando era niña y también más tarde. Sabía que Lynne era artista y disfrutaba viendo algunos de sus trabajos en la casa cuando estaba con los niños. Una vez, Lynne me invitó a participar en un pequeño curso de arte de ocho semanas que estaba organizando en su casa, y decidí intentarlo. Al principio pensé: "No voy a ser buena en esto del arte", pero terminé creando algunas piezas que merecían la pena. Más importante aún, me gustó mucho.»

Aunque todavía se encuentra en las primeras etapas de su nueva vida como artista, Sheri comparte un rasgo común con todos los demás budistas millonarios de este libro: está dispuesta a decir que sí a las oportunidades y nuevas experiencias que ofrece la vida, incluso sin la seguridad de que tendrá éxito en ellas.

Impermanencia

Si pasas más de cinco minutos en cualquier plataforma de las redes sociales, en algún momento aparecerá un texto como este en tu *feed* o en tu *time line*: «Esto también pasará», «La única constante es el cambio», «Nunca puedes cruzar el mismo río dos veces...» y así sucesivamente. Si bien casi todos estos aforismos terminan siendo atribuidos a la fuente equivocada, el sentimiento es importante, sin embargo: que la vida está en constante cambio. Es una de las enseñanzas más esenciales del budismo. La enseñanza budista de la impermanencia (*mujō* en japonés) enseña que todas las cosas, ya sean materiales o mentales, están en un estado de cambio constante entre el nacimiento, el crecimiento, la decadencia y la muerte (y el nacimiento de nuevo de una forma u otra).

Seas budista o no, es una lección innegable que es fácil de observar a nuestro alrededor casi todo el tiempo: el cambio de estaciones; el nacimiento, la vida y la muerte de amigos y familiares; la flor, la fruta y eventualmente el corazón de la manzana arrojados a la caja de compostaje al final del almuerzo.

Para Sheri Lennon, el primer cambio importante se produjo cuando llevaba unos 15 años en su carrera docente.

«Había estado enseñando en la misma escuela en Londres durante todo ese tiempo y, sinceramente, había llegado tan lejos como podía llegar profesionalmente. Recibí una llamada telefónica de alguien en Omán, en Oriente Medio, preguntándome si estaría interesada en ayudar a establecer unas cuantas guarderías y escuelas pre-preparatorias en Salalah, en el sur de Omán. Aparentemente, me habían recomendado para esto debido a mi experiencia en la educación de los primeros años. Así que aproveché la oportunidad. Sentí que ya era hora de cambiar.»

Sheri dejó su trabajo en Londres y se mudó a Omán lista para comenzar su nuevo proyecto.

Sabía que era muy diferente trabajar en Oriente Medio, porque su madre había trabajado allí durante catorce años. Las diferentes culturas tienen diferentes formas de operar y parte del placer de trabajar en el extranjero es aclimatarse a nuevos procedimientos, políticas y procesos. «Pero cuando aún no me habían pagado después de cuatro meses, las alarmas empezaron a sonar en mi cabeza», dijo.

Lo que siguió fue una prolongada batalla entre Sheri y su empleador, simplemente para que le pagara. «Llegó un momento, casi seis meses después, en el que tuve que recortar mis pérdidas y regresar al Reino Unido, sin un centavo de salario y endeudada por el alquiler, la comida y los vuelos que tuve que financiar personalmente (con un poco de ayuda de mi esposo), a pesar de que me habían prometido que me pagarían. Nunca lo hicieron.» Afortunadamente, su vieja escuela la recibió con los brazos abiertos, feliz de que su maestra «estrella» regresara y dispuesta a apoyar los golpes emocionales y los moretones que había sufrido por su experiencia.

«Estaba muy agradecida con la escuela y, comprensiblemente, sabía que no me podían devolver mi empleo original de directora de la etapa infantil, ya que el puesto vacante ya se había ocupado. Así que acepté un puesto de maestra normal. Al principio me encantó.

Pero como sugiere el refrán, de hecho es difícil «cruzar el mismo río dos veces», y los pasos hacia atrás, aunque se toman con buenas intenciones, a menudo pueden ser perjudiciales.

«Me gusta ser la directora y tener la libertad de gobernarme y controlar mis propios asuntos», dice Sheri. «Y aunque estaba agradecida con la escuela por permitirme regresar, tanto ellos como yo sabíamos que no funcionaría por mucho tiempo, y recuerdo que mi jefe me animó a comenzar por mi cuenta. Así que lo hice.»

Allí estaba ella, solo seis semanas después de un audaz plan para «revolucionar las cosas» e intentar «crear algo de la nada». Se ganaría la vida haciendo arte. Muchas personas, incluidos familiares y amigos cercanos, cuestionaron su decisión audaz, sugiriendo sutilmente que, tal vez, podría comenzar con algo para lo que estaba mejor preparada.

«La cosa es que me casé con este hombre hace unos diez años», dijo, señalándome con una sonrisa irónica, «que vive según la filosofía de que debes hacer lo que amas, y que al final dará sus frutos. Simplemente parecía el momento adecuado para ser audaz.»

El muro

Ahí estaba yo, mirando a Sheri, que estaba sentada con la cabeza entre las manos, sollozando porque no sabía qué hacer a continuación, ¡y que era culpa mía!

Sheri había chocado contra el muro, como en algún momento le ocurre a la mayoría de las personas suficientemente valientes como para dar un paso hacia lo desconocido. La emoción y el estímulo de los nuevos comienzos la animaban desde el principio, pero ahora comenzaba a comprender que, como estudiante de primer año, simplemente no sabía lo que necesitaba saber para ascender al siguiente peldaño de la escalera. Ni siquiera estaba segura de cuál podría ser el próximo peldaño.

La vida tiene una manera divertida de funcionar. También tiene una forma asombrosa de proporcionar la siguiente información justo cuando la necesitas. No estoy realmente seguro de cómo funciona eso, no científicamente de todos modos, pero lo he presenciado suficientes veces tanto en mi propia vida como en la de los demás, y con tanta coherencia como para sugerir que se trata de algún tipo de «ley».

Mientras estaba llevando a cabo la Peregrinación de los 88 Templos, esta ley, la que dice que cuando el alumno está listo, aparece el maestro, se manifestó lo más literalmente posible.

Como Sheri, yo también había saltado a un entorno del que sabía muy poco, aparte de que era algo que deseaba. A los pocos días de la peregrinación, ya exhausto de caminar doce horas al día y abrumado por la saturación cultural que puede ahogar a los visitantes de Japón, me detuve frente a un templo y entré en pánico.

¿Qué diablos esperaba obtener de ese viaje? ¿Había volado casi 9.500 kilómetros para qué exactamente? ¿Qué sentido tenía la peregrinación? ¿Puede realmente cambiar tu vida? ¿Cómo sacarle el máximo partido? ¿Había cometido un error enorme y demasiado romántico al confiar en que la autorre-flexión podría marcar la diferencia en el mundo del siglo XXI?

Todas mis respuestas vinieron de un hombre: Hajime San. Hajime apareció a mi lado mientras estaba en ese templo; y en solo tres cortos días me enseñó todo lo que necesitaba saber para hacer del resto de la Peregrinación de los 88 Templos una de las experiencias más transformadoras y afirmativas que haya tenido. Sheri también estaba a punto de conocer a su maestra salvadora.

Deja que venga a ti

Una de las decisiones que Sheri tomó desde el principio fue alquilar un pequeño estudio de arte para poder trabajar libre-mente sin los límites borrosos y las distracciones que a menudo existen cuando trabajas en casa. Disfrutaba montando su espa-cio: colgando sus obras en las paredes; organizando su lugar de trabajo y conociendo a artistas vecinos.

Kjell Folkvord es un experimentado artista noruego con un estudio a tres puertas del de Sheri. Es un hombre bondadoso con una sonrisa cálida, buen ojo y, como muchos escandinavos, un ingenio agudo. Le dio la bienvenida a Sheri a su nuevo «hogar lejos del hogar» y formaron una amistad instantánea.

Varios días después del oscuro momento de duda de Sheri, Kjell entró en su estudio de manera improvisada. Se quedó mirando su arte ecléctico que adornaba las paredes y los espacios de trabajo de su estudio.

«Parece que estás buscando tu estilo», le dijo Kjell. «No lo busques, deja que te llegue.» Su tono sereno fue suficiente para calmar un poco la confianza abollada de Sheri, y decidió seguir trabajando en su arte, incluso registrándose para participar en una feria de arte anual.

Las ferias de arte de fin de semana son eventos fabulosos, pero conllevan jornadas largas, con un flujo y reflujo de espectadores y clientes durante el sábado y el domingo. Entre los períodos en que hordas de personas abarrotan el *stand* de un artista, hay momentos en los que no hay mucho que hacer. En uno de estos momentos, Sheri decidió dibujar y colorear algunas figuras, solo para pasar el tiempo.

Dibujó estudiantes y otras personas que conocía o había conocido; edificios que amaba; animales de los recuerdos de unas vacaciones de campamento en la infancia en Botsuana con su familia. Hizo dibujos, en abundancia, de todo tipo de cosas. Sin que ella lo supiera, ese fin de semana estaba surgiendo un estilo por el que la gente pagaría generosamente. No solo eso, sino que también sería el comienzo de su carrera como ilustradora de libros infantiles.

Sheri había chocado contra el muro antes de ese fin de semana cuando simplemente no supo cuál sería su próximo paso, y la vida, a su manera divertida, le había proporcionado una respuesta y una dirección.

Es imposible predecir cómo aparecerá la ayuda y la orientación que necesitas, pero aparecerá. Una vez que te des cuenta de que no sabes cuál debería ser tu próximo paso y lo has aceptado, la vida te lo mostrará.

Después de un tiempo, confiarás en ese proceso y perderás algo del miedo que proviene de adentrarse en lo desconocido. En cuanto a mí, ahora busco activamente identificar las cosas que no sé en mi vida, para ver a dónde me llevan. Puede que este ejercicio te resulte útil; sin duda lo ha sido para mí.

¿Qué es lo que no sé?

El propósito de este ejercicio es ayudarte a establecer el hábito de buscar activamente, e incluso aprender a disfrutar, las cosas que no conoces. Por ejemplo, identifica un área de tu vida laboral que esté «estancada». Tal vez estés experimentando ventas más bajas de lo esperado en un programa de enseñanza digital que desarrollaste y no tienes ni idea de por qué. Tal vez sigan rechazándote para un ascenso en tu lugar de trabajo aunque creas que deberías ser tú quien ascienda en la carrera. Tal vez sigas perdiendo, en la última etapa, ese papel tan importante en una obra, a pesar de que todas las audiciones anteriores fueron muy bien.

No importa cuál sea tu problema y no importa que aún no sepas la respuesta. La habilidad que tratas de desarrollar en este ejercicio es ser sincero acerca de dónde te encuentras (Lección 1) y tener la confianza para declarar tu ignorancia (Lección 3), de modo que se revele el siguiente paso (Lección 2).

Es como si la declaración de nuestro «estancamiento», una aceptación de que aún no lo tenemos todo resuelto, nos abra a soluciones. Podemos relajarnos, ya no atados por la tensión de la necesidad de tener la razón, y nuestra humildad recién descubierta allana el camino para la guía, en cualquier forma que adopte. Una vez que hayas identificado tus áreas «atascadas»:

1. Admítetelas a ti mismo.

2. Anótalas.

3. Admíteselas a un amigo o familiar.

4. Espera pacientemente, relájate y «escucha» hasta que aparezcan soluciones o respuestas.

LECCIÓN 4:
LA LISTA DE LO QUE
NO DEBES HACER: EL ARTE
DE ACTUAR SIN ESFUERZO

Tengo una noticia fantástica: la vida va a hacer lo suyo, con o sin tu interferencia. ¿No me crees? Intenta memorizar las más de 500 funciones de tu hígado; comprueba lo exitoso que será garantizar un clima perfecto para tu barbacoa de verano; comprueba cómo las malas hierbas siguen creciendo en tu jardín, a pesar de las muchas horas que dedicas a eliminarlas.

La lección de este capítulo es una de las más importantes, y si la aceptas, disfrutarás de tu ruta hacia el éxito laboral mucho más que si intentaras microgestionar tu camino a través de la experiencia.

La lección es simple (aunque no debe confundirse con fácil). Es esta: no te esfuerces demasiado por lograr tus objetivos laborales. En realidad, esta es la iteración negativa de la lección; la versión positiva es: relájate, déjate llevar, disfruta del viaje y confía en que llegarás a donde quieres ir, tarde o temprano.

En el entorno actual, como hemos visto, el trabajo duro, la ambición, la determinación, el empeño académico y el sacrificio (a la causa) no solo son admirados, sino esperados.

Pruébalo tú mismo. Pregúntale a alguien que conozcas, a quien reconozcas como «estresado» o simplemente «un poco tenso», sobre sus planes para el día siguiente. Es probable que esa persona balbucee un inventario completo de «tareas pendientes» de una lista escrita o memorizada. Esas personas están muy ocupadas y muchos de nosotros somos culpables de eso. Es como si abriéndonos camino a través de una lista colosal de tareas mundanas, pudiéramos ganar algo de autoestima con nuestros esfuerzos de autoflagelación. Nos enorgullecemos de nuestro ajetreo, incluso si no es la mejor manera de hacer negocios. Piensa en algunas de las frases que muchos de nosotros escuchamos y aprendimos cuando crecimos: «Sin dolor no hay ganancia»; «El dinero no crece en los árboles»; «Deja de soñar despierto, sé realista»; «Trabaja duro». Todos conocemos estas advertencias o variaciones de ellas. La implicación es que el trabajo duro y el esfuerzo cosecharán recompensas, mientras que es mejor dejar que se disfruten los sueños despiertos y las actividades creativas en los días de lluvia (otra manera de decir que son ideales perezosos).

Si bien cualquier viaje hacia el éxito seguramente implicará un esfuerzo enorme, podemos aliviar la carga trabajando no más duro, sino de manera más inteligente.

Muchas de las personas entrevistadas para este libro exhiben, en diversos grados, la lección de que menos es más. Ninguno más que Charles Negromonte.

El arte suave

Charles es un apuesto joven de 27 años de Paulista, un pequeño pueblo costero de la costa este de Brasil. Parece ferozmente fuerte, y lo es, pero eso no es lo más impresionante de él. Es la forma en que no utiliza su fuerza lo que es notable.

Charles es un competidor de categoría mundial y profesor de *jiu jitsu* brasileño, un arte marcial basado en el agarre de origen japonés, practicado por muchos brasileños.[14] Él también ha sido lo suficientemente valiente como para anteponer la pasión a las ganancias y, a cambio, la vida le ha proporcionado la oportunidad de hacer una carrera.

«Cuando decidí hacer lo que hago [el *jiu jitsu*], aunque tuve el apoyo de todos, pasé mucho tiempo sin ganar dinero», dijo Charles con su evidente acento brasileño, todavía sudando después de salir de las colchonetas de *jiu jitsu* para concederme una entrevista. «Pero lo que hago es algo mucho más grande que un simple medio de ganar dinero. Me enamoré de esto y no me veo yendo a trabajar de nueve a cinco todos los días. Cuando era adolescente, me decía a mí mismo: "No quiero tener esta vida, la de nueve a cinco, necesito encontrar un camino diferente". Y luego lo encontré [el *jiu jitsu*], y el dinero fue algo que llegó después de muchos años.»

---

14. En 1914, el experto japonés en judo y *jiu jitsu* Mitsuo Maeda viajó a Brasil, donde se hizo amigo de un empresario llamado Gastão Gracie. Maeda le enseñó las habilidades del arte al hijo de Gastão, Carlos, quien continuó transmitiéndolas a otros miembros de la familia. Con cada iteración de Maeda a Gastão, a Carlos y más allá, las técnicas se volvieron un poco más «brasileñas». Y así nació el *jiu jitsu* brasileño.

Ganar dinero con un deporte o un arte marcial como el *jiu jitsu* no es fácil. Hay dos fuentes principales de ingresos posibles: de la enseñanza y/o de la competición. A menudo se necesitan muchos años para establecer tanto las habilidades como la plataforma necesarias para tener éxito en cualquiera de ellas. La mayoría se da por vencida mucho antes de que su sueño de ganarse la vida en un área tan especializada se haga realidad. Pero no Charles. Su compromiso inquebrantable de crear una vida que adora ha valido, al parecer, los años de esfuerzo.

«Me encanta enseñar, pero creo que la parte más importante de todo este viaje es la calidad de vida que tienes. Algunas personas que trabajan de nueve a cinco todos los días tienen trabajos que no les encanta desempeñar. Creo que tienen un sentimiento de tristeza y dificultades por dentro. La vida es tan corta, y además trabajas la mayor parte de tu existencia haciendo algo que no amas. No lo entiendo. Veo gente que viene todos los días y se queja de su trabajo. Incluso las personas que ganan mucho dinero, se quejan, ¡todavía se quejan! ¡Y el año pasa, y todavía se quejan! Pero no hacen nada para cambiar», me dijo Charles.

Aunque este capítulo se centra en el arte de la falta de esfuerzo, no hay manera de evitar el hecho de que todavía se necesitan grandes cantidades de esfuerzo para tener éxito en la vida.

Claramente, no es fácil para un bebé de tamaño promedio salir de un canal de parto que no es lo suficientemente ancho para respirar por primera vez (creo que la mayoría de las madres estarían de acuerdo). Y no es más fácil para un tierno brote abrirse paso a través de las losas de hormigón que pavimentan su acceso a la luz. No quiero decir que la vida no sea un trabajo duro; digo que no necesitamos hacerla más difícil de lo que ya es. Nuestra propensión a intentar controlar los resultados que están más allá de nuestro control es inútil. Aportar soluciones, trabajar más duro de lo necesario o simplemente ir en contra del orden natural empeorará la situación o, al menos, perderás tiempo y energía.

Esto es evidente al ver a Charles competir o enseñar *jiu jitsu* a principiantes.

El nombre *jiu jitsu* se traduce como «el arte suave». Como en todas las traducciones japonesas, es necesario mirar más allá del significado superficial para comprender completamente el matiz. Si bien una mayor investigación sobre la palabra *jitsu* ofrece solo dos posibles traducciones con un significado similar («arte» o «técnica»), otras traducciones de *jiu* son más reveladoras.

Además de significar «suave», *jiu* también puede significar «amable», «flexible», «elástico» o «maleable»; todas las palabras que se encuentran en rincones opuestos a las metodologías «sin dolor, no hay ganancias» y «entrena más duro, sé más fuerte» practicadas por los devotos de las artes marciales, y también por muchos de nosotros. Puedes ver este contraste cuando un principiante da sus primeros pasos tentativos sobre las colchonetas de entrenamiento de *jiu jitsu*.

Te haré un recorrido rápido por este arte para que puedas comprender mejor de lo que hablaré y, lo que es más importante, te mostraré cómo este es un conocimiento relevante para asegurar o crear un trabajo significativo que se pague bien (y no, ¡no implica atacar a tu jefe!).

En *jiu jitsu* no hay puñetazos, patadas ni ninguna otra forma de golpear. Es un arte de apalancamiento en el que es posible, dadas las habilidades y tácticas adecuadas, que los débiles superen a los fuertes.

Pero ¿cómo es esto posible? Porque lanzas todo tu peso contra los eslabones débiles de la cadena del cuerpo humano.

Las dos zonas más susceptibles de ataque son las articulaciones y el cuello. La hiperextensión de una articulación (doblándola en la dirección opuesta a la que pretendía la naturaleza), causar la oclusión de las arterias carótidas (causando pérdida temporal del conocimiento al bloquear el flujo sanguíneo, a través del cuello, al cerebro), requiere un esfuerzo notablemente pequeño, [15] y es lo que le permite a David derrocar a Goliat, por así decirlo. En todo lo relacionado con el *jiu jitsu*, no se trata de tu talla, sino de cómo usas tu talla. Y los principiantes luchan por entender esto desde el principio.

Siempre puedes decir quiénes son los principiantes en una clase de *jiu jitsu*. Son los que, cuando se emparejan con una persona más pequeña, se esfuerzan al máximo por dominarla con su tamaño hasta que, pálidos de cansancio, se ven obligados a descansar a un lado antes de vomitar de puro agotamiento.

Tal es su compromiso de «entrenar duro» y «salir adelante» que no escuchan la sabiduría de los instructores, como Charles

---

15. Por eso lo primero que aprenden todos los alumnos de *jiu jitsu* es honrar el «tap», un indicador universal de sumisión mediante el cual un jugador de *jiu jitsu* alerta a su compañero/oponente antes de que una técnica alcance la máxima extensión o compresión, evitando así lesiones. Esto se hace golpeando fuertemente el suelo o al oponente con una extremidad disponible o, en su defecto, diciendo la palabra «tap».

Negromonte, cuando les gritan: «Relajaos, muchachos»; «Menos es más»; «Intenta usar tu peso, no tu fuerza»; «Actúa inteligentemente, no duro». El *jiu jitsu* es un arte de apalancamiento, es el «arte suave».

Con el tiempo, todos los principiantes, si permanecen en la disciplina el tiempo suficiente como para comprender la inutilidad de trabajar demasiado, aprenden a usar el apalancamiento en lugar de la fuerza. Y es lo mismo para todos los que emprendemos un nuevo camino hacia nuestra vida laboral ideal.

Nada de nada

Es fácil confundir la falta de esfuerzo con no hacer nada. Pero aún queda mucho por hacer para llegar a los destinos que nos hemos marcado. No estamos haciendo nada para lograr nuestros fines. Escuché la siguiente historia de un pastor de iglesia hace muchos años, mientras visitaba a un amigo en Carolina del Sur. Ayuda a demostrar mi manera de ver las cosas.

Burt era un hombre piadoso que vivía en una casa en los pantanos de Florida. Un día, una violenta tormenta desbordó los ríos y pantanos locales y anegó el jardín de Burt. Un vecino preocupado lo llamó por teléfono y le dijo:

—Burt, ¿por qué no te vas de la ciudad? Vete a casa de tu hermana hasta que amaine la tormenta.

—Estaré bien —respondió Burt—. No parece que la tormenta vaya a ser muy fuerte y, además, ya sabes que soy un hombre temeroso de Dios. Él cuidará de mí.

Las lluvias continuaron cayendo durante la noche y, a la mañana siguiente, el sótano y la planta baja de Burt estaban inundados. Salvó todos los muebles que pudo llevándolos al dormitorio del piso de arriba.

—Burt —lo llamó el sheriff local desde la cabina de su vehículo todoterreno, que había detenido en un borde seco de una propiedad vecina—, ¡coge algo de ropa! Te llevaré a casa de tu hermana. Esta tormenta no va a mejorar.

—Vamos, sheriff —respondió Burt desde la ventana de su dormitorio—, ya sabes que esta tormenta pasará, ocurre todos los años por esta época y, además, ya sabes que soy un hombre temeroso de Dios. Él cuidará de mí.

A la mañana siguiente, Burt se despertó con el agua lamiéndole los dedos de los pies. Salió por la ventana al tejado.

—Señor Johnson —insistió la tripulación de un bote de rescate—, debe venir con nosotros. Necesitamos evacuar esta zona de tormentas.

—Chicos, sois un poco novatos en esto, esto es el pantano, estamos hechos de un material más duro, y además soy un hombre temeroso de Dios. Él cuidará de mí.

Mientras el agua seguía subiendo, Burt se sentó en su tejado abrazando las rodillas contra el pecho. Hizo un gesto para que se alejara el helicóptero que había lanzado una escalera de cuerda para él. Por encima del estruendo de las aspas, el piloto no pudo oír a Burt decir: «Vete con tu helicóptero, ¿no sabes que soy un hombre temeroso de Dios y que él cuidará de mí?»

Y Burt se ahogó.

Desde las puertas del cielo custodiadas por San Pedro, Burt le gritó a Dios: «¿Cómo pudiste? He sido un hombre temeroso de Dios toda mi vida: rezo, creo y aun así no me has salvado.»

A lo que Dios respondió amablemente: «Burt, te di un cerebro, te envié a un amigo, luego a un sheriff, un bote de rescate y hasta un helicóptero».

Es peligrosamente fácil confundir la inacción con la no acción. Esto debe entenderse a fondo antes de que podamos crear con éxito nuestro trabajo ideal.

Para volver a las colchonetas de *jiu jitsu*, Charles Negromonte no aboga por no hacer nada a sus estudiantes principiantes. Más bien, los instruye para que hagan «lo suficiente; ni más, ni menos».

La importancia de este enfoque se demuestra por la posición potencialmente peligrosa y dominante de *jiu jitsu* llamada «montura», en la que el atacante se sienta a horcajadas sobre el pecho o vientre del defensor, que está acostado boca arriba. Es una de las peores posiciones para un defensor: atrapado bajo el peso de un atacante con el potencial, si se lo permitiera, de machacarlo a golpes. [16]

La tendencia del principiante, bajo el peso y la presión de alguien que se sienta pesadamente sobre su pecho, es tratar de salir del problema con la fuerza. Resoplan y resoplan e intentan alejar todo el peso de su oponente, utilizando solo los hua-

---

16. Aunque los golpes no están permitidos en el *jiu jitsu* brasileño, debe tenerse en cuenta que lo que ahora es un deporte comenzó como un arte marcial, diseñado para defenderse de todo tipo de ataques, incluidos los golpes. Los maestros, aunque no permiten los golpes, enmarcarán una técnica o táctica en torno a su potencial de autodefensa en caso de que se produzca una pelea «real».

zos. Esto gasta una gran cantidad de esfuerzo y energía para un rendimiento casi nulo. A pesar de su arduo trabajo, el atacante se mantiene en una posición dominante y el defensor se queda exhausto. Está trabajando duro, no inteligentemente.

Una vez que los principiantes hayan comenzado a comprender el concepto de apalancamiento que sustenta el arte del *jiu jitsu*, el defensor abordará el problema de la «montura» de una manera muy diferente. En lugar de intentar empujar al atacante usando partes del cuerpo relativamente débiles (los brazos), puede empujar sutilmente una de sus rodillas con el codo (la «palanca» corta de un codo es más fuerte que la palanca larga de un brazo debido a su proximidad a grupos de músculos más grandes y más fuertes), e insertar una rodilla que descanse entre ellos y el peso del atacante.

Este movimiento bastante simple, con un esfuerzo mínimo, elimina casi el 70 % de la presión del peso que el atacante podía emplear anteriormente. Sintiendo que su ataque ha sido algo frustrado, el atacante se ve obligado a repensar su plan, desmontar y probar otra técnica. El defensor está libre, al menos por ahora. Ha trabajado inteligentemente, no duro.

Confianza

¿Por qué nos esforzamos demasiado? ¿Por qué microgestionamos? ¿Por qué trabajamos tan duro para intentar controlar el resultado de la vida? ¿Por qué dudamos con tanto fervor? He pensado en esto durante muchos años, y lo he pensado aún más mientras estaba en la Peregrinación de los 88 Templos.

Caminando durante doce horas o más al día durante un peregrinaje sin teléfonos inteligentes, iPods, ordenadores portátiles o cualquier otra distracción tecnológica, te «ves a ti mismo» por completo. Con esto quiero decir que con poco más que hacer que caminar, comer y dormir, te encontrarás cara a cara con tus propios pensamientos.

Estos pensamientos están siempre presentes, tanto si estamos de peregrinaje como durante la rutina de la vida cotidiana, pero de peregrinaje, con tan poca distracción, se reproducen en Technicolor y con sonido envolvente Dolby. Cuando estás en silencio, por fin puedes escuchar el ruido. La meditación tiene el mismo efecto. De hecho, la peregrinación es simplemente otra forma de meditación. Veremos más profundamente el arte de la meditación en el próximo capítulo.

Cuando observas por primera vez lo «habladora» que es la mente, puede resultar algo desconcertante, pero al menos ahora estás un paso por delante de «no saber lo que no sabes». Antes, estabas demasiado ocupado para notar la congestión y el conflicto entre sus oídos.

Con el tiempo, a medida que permaneces inquebrantable con los restos de tu pensamiento, este comienza a asentarse por sí solo. Como los animales salvajes, los pensamientos no quieren problemas. Si los dejas en paz, te dejarán en paz y solo reaccionarán si los pinchas con un palo o si intentas meterlos en una caja. Deja los pensamientos en paz y seguirán adelante. Dejemos que lo pasado sea pasado.

El espacio que queda entre los pensamientos nuevos y vacíos es donde se puede encontrar la percepción (y nuestro «poder personal», que también cubriremos más adelante). En uno de esos momentos durante la peregrinación, sentí que debía escribir estas dos entradas en mi diario:

Confiar significa dejar ir.
No camines hacia el templo, deja que el templo venga a ti.

Ambos pensamientos surgieron en respuesta a mis reflexiones sobre por qué todos tendemos a esforzarnos demasiado. Reflexionando acerca de ello, ambos sugieren que deberíamos confiar en que la vida tiene «cosas cubiertas». ¿Puedes creerlo? ¿Puedes confiar en esa idea? ¿Puedes entender que la vida, con o sin tu interferencia, te respalda?

Es difícil. Lo entiendo muy bien, soy un controlador de corazón y siento tu dolor. Es particularmente desafiante cuando no estamos muy seguros de «qué» o «quién» nos respalda en este juego de la vida. ¿Es la naturaleza, Dios, el universo, Buda, la intervención divina, los extraterrestres, qué?

Como ya he mencionado, muchas personas se sienten atraídas por las enseñanzas budistas debido a su insistencia en la experiencia sobre la fe. El budismo sugiere que encuentres confianza en la experiencia personal o basada en la evidencia, no en el seguimiento ciego de la doctrina de otro.

Prueba este ejercicio: escribe diez cosas que, aunque no sepas cómo funcionan, sí funcionan. Por ejemplo, no tengo una idea concreta de cómo mi ordenador portátil realiza todas sus funciones, pero aquí estoy escribiendo en él. Tampoco sé de manera concluyente, a pesar de las muchas y variadas teorías, cómo comenzaron la vida y nuestro universo, pero sé que sucedió, porque estoy aquí, en un universo que ha nacido, escribiendo en un ordenador portátil, ¡cuyo funcionamiento no entiendo del todo! No necesitamos saber cómo funciona algo para disfrutar de sus beneficios.

Por supuesto, la educación y la comprensión contribuyen en gran medida a generar confianza y fe en cualquier tema, y uno de los objetivos de este libro es proporcionar ambas cosas, pero no son necesarias. Más valioso es construir tus propias experiencias y ejemplos que te demuestren que menos es más. Reúne tu propio registro de evidencias que demuestre que al relajarte y confiar (en cualquier fuente), todo irá bien.

Interferir

Justo antes de escribir la entrada de mi diario «No camines hacia el templo, deja que el templo venga a ti», había estado trabajando demasiado para lograr mi objetivo.

Para demostrar que el tiempo y el dinero eran obstáculos creados por mí mismo en lugar de verdades universales, había decidido hacer una peregrinación de 1.400 kilómetros en solo 30 días prácticamente sin dinero (300 libras esterlinas en yenes era todo lo que tenía en el banco en ese momento). No tenía ni tiempo ni dinero para terminar un viaje que normalmente debería llevar meses y requerir un presupuesto cinco veces mayor que el mío, para mantenerme seguro, alimentado y alojado por las noches entre los días de caminata.

Mi teoría era que si podía completar una tarea hercúlea sin suficiente tiempo o dinero, entonces podría demostrar que, contrariamente a la creencia popular, algo más que tiempo y dinero era la principal fuente de éxito. Si no podía, entonces lo eran.

Es deprimente pensar que el tiempo y el dinero son el principio y el final de la vida. ¡Esta idea ha dado forma a nuestra economía moderna y todos podemos ver en qué problemas nos ha metido! Sin embargo, muchas veces a lo largo de la peregrinación, me preocupaba mucho que, lamentablemente, pudiera ser cierto. Había demasiados kilómetros para recorrer, en muy poco tiempo, sin suficiente dinero para alimentar el gasto energético necesario para el desafío.

Entonces, comencé a microgestionar.

Comencé a hacer lo que muchos están tentados a hacer cuando avanzan hacia el objetivo de crear su vida laboral ideal. Empecé a «tomar el control», «empujar más allá» y «trabajar más duro».

Empecé a caminar más rápido para poder cubrir más distancia en menos tiempo. Hice menos descansos para comer y para ir al baño, para poder pasar más tiempo recorriendo el camino. Dejé de hablar con la gente con la que me encontraba y de disfrutar de la comunión rara y fugaz que llega con la peregrinación. En cambio, bajé la cabeza y seguí adelante, completamente concentrado en la línea de meta.

¿Me ayudó? Por supuesto que no. De hecho, empeoró las cosas. La falta de comida, la velocidad adicional al caminar, el estrés y la tensión endurecieron mi difícil situación. Perdí un día completo caminando y casi el resto de mi presupuesto al pagar una habitación en un *ryokan* (una posada tradicional japonesa), cuando me vi obligado a dormir durante casi 24 horas para recuperarme del esfuerzo extra. Estaba roto. Al final resultó que no pude microgestionar el universo y controlar las circunstancias de la vida. Mi esfuerzo extra no me acercó más a la línea de meta. ¿Quién lo hubiera adivinado?

Aprender a soltar es difícil, no estoy sugiriendo lo contrario, pero damos un paso importante si reconocemos que es una habilidad que debemos desarrollar.

¿Recuerdas haber aprendido a caminar? Habrás comenzado como un niño nervioso, rígido como un robot, torpe, cayendo a cada pocos pasos y dándote un golpe sin ceremonias en su trasero. Ahora, como caminante experimentado, difícilmente te darás cuenta de que todos los días estás llevando a cabo con éxito un conjunto de habilidades complejas que te permiten realizar sin esfuerzo algo que alguna vez fue aparentemente imposible.

Gran parte de este aprendizaje es un proceso cognitivo natural conectado a la mecánica de nuestro cerebro. Las primeras habilidades se filtran a través de nuestra corteza prefrontal (el pensamiento, el cerebro consciente), hasta que, al dominarlas, se almacenan en nuestro cerebro límbico (cerebro subconsciente, automático). La corteza prefrontal se libera para nuevas habilidades, aprendizaje y crecimiento. Aunque este proceso es inherente y está más allá de nuestro control total, podemos acortar el tiempo que se tarda en dominar una habilidad o en alcanzar una meta. Simplemente prestando atención a la tensión adicional que deriva de «cansarnos en exceso» a medida que aprendemos, y recordándonos activamente a nosotros mismos que debemos «dejar ir», «relajarnos», «suavizarnos» y «soltar la tensión», permitimos que nuestro subconsciente guíe nuestras acciones sin obstáculos. A medida que ganes confianza en este proceso, verás que el cerebro pensante consciente tiene una simple tarea: identificar lo que desea. Eso es básicamente todo. Después de la selección de objetivos, puede irte a descansar, mientras que otros sistemas cerebrales se ocupan del arduo trabajo de armar el rompecabezas de nuestros deseos.

Aquí hay un viaje al pasado: ¿recuerdas cuando eras niño haber hojeado en diciembre el catálogo de juguetes, antes de Navidad? «Quiero eso, oh y eso también, y un par de esos. Qué bueno sería tener uno de esos.» Ese es el trabajo del cerebro consciente. Identificar y elegir lo que nos encantaría ser, hacer o tener.

Una vez que hayas elegido el deseo de tu corazón, la parte más difícil es mantenerte alejado de tu propio camino el tiempo suficiente para permitir que tu subconsciente haga lo que está diseñado para hacer. Sería ridículo desenterrar las semillas de un roble cada pocos minutos para comprobar que se está produciendo el proceso natural. De hecho, esta interferencia sería una forma garantizada de matar al roble antes de que tuviera la oportunidad de enraizar. Sin embargo, esto es lo que hacemos a menudo con nuestras metas y elecciones personales: tomamos una decisión, luego microgestionamos e interferimos, o al primer signo de dificultad o cuando nuestra paciencia se pone a prueba revisamos nuestras metas y optamos por aquellas menos ambiciosas.

¿Por qué hacemos eso? Tal vez sea porque no confiamos en que nuestros deseos y anhelos más profundos se manifestarán, puros y simples. Si alguien o algo pudiera garantizar que alcanzarás todos tus objetivos, nunca tendrías miedo ni nunca interferirías con los objetivos que te habías fijado originalmente. Después de que nos hemos atrevido a descubrir y admitir ante nosotros mismos nuestra pasión más profunda, lo que nos encantaría que fuera nuestro trabajo y carrera, la mayor parte del trabajo en el Camino del Budista Millonario es aprender a mantenerte fuera de tu propio camino mientras el universo cumple su parte.

El ejercicio de la lista de lo que no debes hacer

Todos tenemos una lista de tareas pendientes; no hay una persona viva en la sociedad moderna que no tenga una llena de cosas por hacer. Pero este ejercicio te ayudará a desarrollar una lista de «lo que no debes hacer». La utilizaremos para desarrollar tu confianza, paso a paso, en la realidad de que la vida tiene una manera de ayudarte a llegar a donde necesitas estar.

En primer lugar, elige algo de tu lista de «tareas pendientes». Solo algo pequeño, comienza con algo pequeño. Transfiere eso a tu lista de «tareas que no debes hacer».

Ahora, lo que sea que hayas elegido, hazlo con el menor esfuerzo posible. Entrega el esfuerzo al universo/extraterrestres/subconsciente, y solo observa lo que sucede.

Permíteme poner como ejemplo una tarea que odio hacer: limpiar mi despacho.

Una vez que empiezo a ordenarlo, si no tengo cuidado tiendo a volverme maníaco; una especie de demonio de Tasmania del orden. Rabioso con la fiebre organizativa, en lugar de simplemente ordenar lo básico, a menudo paso a archivar facturas, enderezar estanterías, rascar pintura en mal estado, quitar el polvo, las telarañas...

Termino convirtiendo un trabajo necesario pero rápido en una tarea maratónica que consume el resto del día, me cansa y, la mayoría de las veces, me pone de mal humor cuando me doy cuenta de cuánto tiempo y energía he perdido limpiando en vez de ocuparme de otras cosas importantes. Entonces, en cambio, después de reconocer que me he vuelto demasiado ambicioso, hago una pausa de cinco minutos en la lista de tareas pendientes. Salgo de la habitación, me preparo una taza de té y, literalmente, me obligo a detenerme.

Después de unos cinco minutos, una vez que he recuperado la calma dentro de la tormenta, vuelvo a la tarea original.

Más fresco y tranquilo, puedo ver que estoy haciendo más de lo que necesito o que sería más prudente distribuir la carga de trabajo de la organización del despacho en tres días (veinte minutos al día enfocados en ordenar) en lugar de una vorágine de cinco horas de trabajo que la mayoría de las veces no me lleva a ninguna parte. Las pequeñas ganancias con energía de sobra sientan muy bien, si no mejor, que las grandes y agotadoras ganancias.

No solo eso, sino que he descubierto que, extrañamente, cuando dejo de esforzarme demasiado y de controlar mi vida, las cosas tienden a encajar por sí solas. De repente, mi esposa puede asomar la cabeza por la puerta y preguntarme si necesito un poco de ayuda, o la pila de papeles que hay que archivar resulta ser en su mayoría correo basura que se puede tirar a la papelera. Quién sabe qué coincidencias se manifestarán para ti si trabajas inteligentemente. Tendrás que descubrirlo por ti mismo, pero como feliz observador de la serendipia en mi propia vida, puedo sugerir con confianza que experimentarás lo mismo en la tuya.

Si ayuda, ten en cuenta este mantra: No hagas menos que lo suficiente. No hagas más que lo suficiente. Solo haz lo suficiente.

Eso no es tan fácil como parece. Lo más probable es que te sientas tentado a exagerar. No te preocupes, si eso sucede, simplemente recuerda que el objetivo es practicar el arte de «menos es más» y volver a trabajar de manera inteligente, no dura.

Cuando termines una de las tareas pendientes de tu lista de cosas que no debes hacer, simplemente táchala, anota el éxito, felicítate por no intentarlo y pasa a la siguiente.

¿Cuándo sabes que te estás esforzando demasiado?

A estas alturas, espero que reconozcas la importancia de salir de tu propio camino con respecto al logro de las metas. No es que el subconsciente y los otros sistemas de creación de objetivos que trabajan en tu nombre se preocupen mucho por tu interferencia: seguirán haciendo su parte de manera independiente. Simplemente será un viaje más placentero si te sientas, hueles las rosas por el camino y dejas que lo incontrolable haga aquello para lo que está diseñado.

Sin embargo, a veces, a pesar de no querer interferir, ¡no podemos ayudarnos a nosotros mismos! Y es importante reconocer la diferencia entre la acción (esos pasos progresivos individuales que nos llevan del punto A al punto B) y la microgestión.

Le pregunté a uno de nuestros budistas millonarios, Ian McClelland, cómo reconocer cuando tu ego está interfiriendo y estás en peligro de autosabotear tu causa. «Cuando deje de ser divertido», fue su respuesta sucinta y perfecta.

Podemos usar la sabia observación de McClelland para verificar si estamos trabajando duro o inteligentemente. Prueba esto:

En momentos de tranquilidad, tal vez cuando estés tomando un baño relajante o justo antes de quedarte dormido por la noche, piensa en la meta o tarea que te has propuesto lograr. Y después «escucha».

«Escucha» cómo responde tu cuerpo, qué pensamientos y sentimientos te vienen. Si inmediatamente sientes una sensación de opresión, posiblemente combinada con una tensión muscular real (revisa tu mandíbula, glúteos y hombros), y tu corazón comienza a acelerarse al ritmo de tu mente exagerada, es probable que estés persiguiendo tu pasión con demasiada intensidad y eso te esté causando estrés.

Por otro lado, si reflexionar sobre tus objetivos te genera sentimientos de tranquilidad, alivio, entusiasmo y un brillo esperanzador, probablemente te estés ocupando de tus asuntos en la «zona». Fácil.

Fácil. Alegre. Disfrutando cada minuto.

Lo que sentimos en nuestro cuerpo es un indicador perfecto de lo que sentimos en nuestra mente acerca de algo. Podemos ignorar esas emociones, pero nunca podemos negarlas. Son un sistema de alarma importante para nuestras vidas.

Si te das cuenta de que pensar en tus metas te genera sentimientos de tensión en lugar de alivio, seguramente querrás leer el próximo capítulo, la Lección 5.

LECCIÓN 5:
EL ARTE DE LA
MEDITACIÓN:
CONECTARTE A TU FUENTE
DE ENERGÍA PERSONAL

«No apuntes al éxito: cuanto más apuntes a él
y lo conviertas en un objetivo, más lo perderás.
Porque el éxito, como la felicidad, no se puede perseguir.»

VIKTOR E. FRANKL, *El hombre en busca de sentido*

Todas las lecciones del Camino del Budista Millonario se solapan
de alguna manera. Todas se facilitan y apoyan entre sí, y ninguna
más que esta y la anterior. El arte de la meditación y «no esforzarse demasiado» son lo mismo. De hecho, «soltar» es una de las
habilidades que los profesores de meditación tratan de impartir.

Hoy en día, la mayoría de las personas está familiarizada,
al menos, con el término «meditación». Se ha convertido en

una actividad de «tendencia», y aunque es de agradecer que la instrucción en este arte se haya filtrado desde los templos cubiertos de nubes de tierras lejanas, me temo que algunos de sus beneficios más significativos se han perdido por la traducción.

Se ha demostrado científicamente que la meditación regular es buena para la salud, pero existen mayores beneficios adicionales más allá de eso. Una de ellas es que puede ayudarte a dar forma a una vida laboral rentable y placentera, lo cual, considerando que pasamos un tercio de nuestras vidas trabajando, no es tarea fácil.

Las tres escuelas de meditación

Aunque el budismo enseña que el Buda histórico enseñó más de 10.000 formas de meditar, en términos generales, hay solo tres escuelas principales de meditación: Vipassana, Tibetana y Zen.

La meditación Vipassana se centra en la atención plena y la percepción interna; la Tibetana utiliza técnicas de imaginería guiada, mientras que la meditación Zen mezcla «quedarse quieto sin hacer nada» con tratar de resolver acertijos (*koans*) como: «¿Cuál es el sonido de una mano aplaudiendo?».

Aunque ahora practico las tres, mi práctica de meditación comenzó hace más de 25 años en una escuela tibetana con sede en Londres. Todavía puedo recordar los ojos brillantes de mi maestro, la amplia sonrisa y las piernas cortas dobladas debajo de él mientras le aconsejaba a su congregación simplemente: «¡Soltadlo!» (el pensamiento excesivo, eso es).

En realidad no necesitas comprender la historia de cada escuela o las diferencias entre sus técnicas para ayudarte con la tarea que tienes entre manos. Por supuesto, es posible que te sientas impulsado a investigar más a fondo en tu propio tiempo, pero por ahora voy a enseñarte lo que será inmediatamente aplicable y útil.

La meditación está frecuentemente envuelta en un misticismo innecesario, haciéndola inaccesible para muchos. Sin embargo, esto a menudo es solo un intento de explicar lo inexplicable. La meditación es simplemente una habilidad y, como todas las habilidades, se necesita práctica para dominar y apreciar plenamente su valor.

Utilizarás la habilidad de la meditación para ayudar a despejar las zarzas de pensamientos dispersos y desbocados a fin de acceder a recovecos más profundos del pensamiento enfocado y dirigido. Con el pensamiento más claro, te será más fácil no solo identificar qué trabajo realmente deseas hacer (si aún no lo has hecho), independientemente de las ganancias, sino también aprovechar los recursos internos disponibles, en este estado más profundo, que te ayudarán a lograr ese objetivo.

Trabajo profundo

«Trabajo profundo» es el término que el autor y profesor de ciencias de la computación Cal Newport acuñó para explicar aún más el trabajo de Carl Jung, el fundador de la psicología analítica, quien también fue muy influyente en los campos de la psiquiatría, la antropología, la arqueología, la literatura, la filosofía y los estudios religiosos.

Jung era un gran creyente en los poderes de la meditación. Se retiraba a la Bollingen Tower donde, se dice, a menudo pasaba tiempo tanto para meditar como para concentrarse por completo en proyectos de trabajo desafiantes.

De manera similar, se informó que Albert Einstein buscaba la soledad silenciosa para fomentar la comprensión y los avances intelectuales.

Imagínate a Einstein de pie, tiza en mano y mirando una pizarra llena de cálculos matemáticos. Durante horas, días, semanas, meses y años, está allí de pie mirando fijamente mientras los símbolos algebraicos recorren su mente hasta que, eureka, obtiene la respuesta que estaba buscando.

¿Einstein encontró la respuesta o la respuesta encontró a Einstein?

En la vida occidental moderna, se nos enseña desde una edad temprana que el trabajo duro vale la pena y que somos los creadores de nuestro propio futuro y fortuna. Si bien esto puede ser parcialmente cierto, falta un elemento esencial en esta ecuación creadora de éxito. Puede que no estemos en el asiento del conductor tanto como se nos ha hecho creer.

Albert Einstein no podría forzar una respuesta correcta de su mente más de lo que tú o yo podemos forzar una de la nuestra. Lo esencial es crear un entorno en el que podamos «ver» las respuestas a medida que surgen de los rincones más profundos de nuestra conciencia.

Acceder a las mejores partes de nosotros mismos, las partes que van a manejar una vida laboral satisfactoria, divertida y rentable, no se logrará haciendo cosas, sino sin hacer las cosas, como hacen los budistas zen, o, más bien, como no hacen, ¡según se mire!

Dos técnicas

Pocos de nosotros accedemos regularmente, si es que lo hacemos alguna vez, a nuestros recursos internos más profundos. Te voy a enseñar dos técnicas, a partir de mi propia experiencia directa, que he descubierto que son beneficiosas para forjar mi propia vida como budista millonario.

Técnica 1: el «Enfoque turbio»

Piensa en un rayo láser: partículas de luz tan juntas que, cuando se enfocan en una sola área de una superficie absorbente, pueden producir suficiente calor como para iniciar un incendio. Por el contrario, si las partículas de luz se disipan y desenfocan, el calor esencial necesario para hacer fuego se dispersa y se pierde. Nuestras mentes funcionan de la misma manera.

La meditación es simplemente la práctica de construir un enfoque láser en lugar de permitir la ineficacia dispersa. Para algunos de nosotros, a veces, la mente está tan distraída que necesitamos un «ancla» con la que estabilizar nuestro ocupado cerebro.

Para el siguiente ejercicio, nuestra ancla será un frasco de agua turbia. Aquí están las instrucciones:

1. Llena un frasco de vidrio con tapa con agua y agrega una cucharada de barro. Fija bien la tapa.
2. Siéntate frente al frasco, no te encorves y mantén la espalda recta (¡también podemos trabajar en tu postura y en tu meditación!).
3. Agita el frasco.
4. Observa cómo el barro se deposita lentamente en el fondo.
5. Sigue mirando, ya que continuará asentándose.
6. ¡He dicho que sigas mirando!
7. Cuando todo el barro se haya asentado y el agua esté clara (más o menos), tu práctica de meditación habrá terminado, ¡por ahora!

Este ejercicio puede durar entre cinco y diez minutos, según el tamaño del frasco.

Es más que probable que tu mente deje de mirar el barro y cambies la atención a cualquier pensamiento no relacionado que haya aparecido en tu cabeza en ese momento. No te preocupe por eso. Parte del enfoque desarrollado a través de la meditación se logra reconociendo que la mente se ha perdido en acción; esto en sí mismo es una forma de atención. Cuando te des cuenta de que has perdido la concentración, vuelve suavemente tu mente a la tarea que tienes entre manos, observa el barro, sin recriminarte por la distracción.

En este punto, también debemos discutir los buenos hábitos.

Se han escrito varios libros excelentes sobre la importancia de la creación de buenos hábitos para lograr metas con éxito.

Dos que me vienen a la mente son *Hábitos atómicos* de James Clear y *El poder los hábitos* de Charles Duhigg.

Los hallazgos científicos de estos libros validan lo que los budistas han dicho durante décadas y lo que todos sospechamos que es cierto: los buenos y consistentes hábitos de trabajo conducen a buenos resultados. ¡Imagínate! Si vas a usar la meditación para ayudarte a alcanzar tus metas laborales, profesionales y vitales, entonces tendrás que comenzar y luego mantener esa práctica.

Esto es lo que te sugiero, basado en lo que me ha funcionado a mí y a otros. Crea un espacio que sea tu «espacio tranquilo» designado y asegúrate de que sea aprobado por quien viva contigo (incluido el perro). El mío está en el dormitorio, en mi lado de la cama. Asegúrate de que sea un área definible en la que puedas realizar tu práctica de meditación, en algún lugar distinto de otros lugares de la casa donde ocurren diferentes actividades.

En mi espacio definible hay una estatua de Buda (absolutamente innecesaria para la meditación, pero resulta que me gusta mi estatua de Buda), fotos enmarcadas de mi hijo, mi hija y mi esposa, algunas fruslerías recogidas de varios viajes alrededor del mundo, velas, y un quemador de incienso (de nuevo no es necesario pero me enamoré del olor a incienso —*mainichi kō*— que flota dentro de los 88 templos de la peregrinación). Este es tu espacio. Aquí es donde practicarás en tranquila soledad.

Ahora que tienes un lugar para meditar, es recomendable establecer un horario de prácticas. Toda la investigación sugiere que los hábitos y las prácticas regulares y consistentes producen los mejores resultados, y yo también he descubierto que eso es cierto.

Si bien los horarios pueden ser fluidos, con el objetivo de evitar interrumpir tu práctica habitual de meditación intenta encontrar un horario en el día que sea poco probable que cambie. Yo practico inmediatamente después de despertarme, mientras todos están todavía en la cama, y nuevamente justo antes de la hora de dormir, ya que he descubierto que esos momentos del día sufren la menor interrupción en términos de cambios repentinos en el horario.

Mejorar la práctica: la «muñeca rusa»

A medida que progreses en tu práctica, te resultará más fácil tanto darte cuenta de cuándo tu mente se ha desviado de la observación del barro como de cuándo vuelves a concentrarte en la tarea. En esa etapa, estarás listo para agregar otro nivel de desafío y dificultad.

Piensa en una muñeca rusa: esas figuras de madera intrincadamente decoradas que se abren para revelar en su interior otra muñeca más, un poco más pequeña, y luego otra y otra y otra, que culmina con una figura diminuta en la apertura final. De la misma manera, pero a la inversa, desarrollemos tu técnica de meditación del frasco de agua turbia.

Necesitarás cinco frascos de tamaño creciente, colocados en orden, de pequeños a grandes.

Llena los más pequeños con barro y agua como antes, y continúa con tu práctica durante dos semanas. Luego repite la práctica utilizando el frasco del siguiente tamaño y continúa de esta manera hasta llegar al frasco más grande, cambiando el tamaño del frasco cada quince días.

A medida que avances a través de los frascos, el barro tardará más en asentarse y tú, a la vez, habrás aumentado tu tiempo de meditación y mejorado tu capacidad de concentración. Con el tiempo, podrás concentrarte en tu práctica durante unos 45 minutos más o menos.

Entonces es cuando comienza la diversión.

Técnica 2: los «tomates rojos»

Los beneficios de tu mejor enfoque en la meditación comenzarán a extenderse al resto de tu vida. Después de todo, la mente que está siendo disciplinada en tu espacio silencioso designado es la misma que llevas contigo cuando vuelves a entrar en el mundo normal.

Por ejemplo, puedes encontrar que practicar la meditación al levantarte establece un buen tono para el resto del día. ¿Con qué frecuencia has notado que las cosas que te gustan atraen a más cosas que te gustan? Cuando estamos de buen humor, la vida parece seguir nuestro camino; cuando nos sentimos tristes, solo parece empeorar.

Puedes experimentar otro beneficio si meditas justo antes de acostarte. Muchas personas informan que duermen mucho mejor después de la meditación, y los beneficios de una buena noche de sueño, tanto para la salud como para la productividad, están bien documentados.

Veamos ahora una forma mucho más directa y obvia de utilizar el enfoque desarrollado en la meditación para incluir tanto en tu trabajo como en tus metas laborales directamente. Se trata de la técnica «*pomodoro*», o en español, la técnica de los «tomates rojos».

Ahora debo disculparme con quien sea que me enseñó originalmente esta técnica, ¡porque no puedo recordar quién fue! Lo único que sé es que revolucionó mi trabajo como escritor y el de muchos otros a los que se la he recomendado.

La técnica es esencialmente una versión de la meditación basada en el trabajo, una manera de hacer un «trabajo profundo» para usar el término de Newport nuevamente.

Aquí están las instrucciones:

1. Elige una tarea laboral que deba realizarse: terminar el capítulo de un libro; completar una pintura; organizar tu CV; redactar un plan de negocios.
2. Encuentra un espacio para trabajar, libre de distracciones: libre de personas y cosas como interrupciones de las redes sociales, el teléfono y el correo electrónico, muy parecido a tu espacio de meditación (aunque recomiendo que no sea tu espacio de meditación).
3. Configura un temporizador para que te avise después de 30 minutos.
4. Trabaja sin distracciones y sin interrupciones durante los 30 minutos completos.
5. Cuando el cronómetro indique el final de la sesión, descansa dos minutos. Y descansa. Abandona ese espa-

cio y haz algo totalmente diferente, o nada en absoluto, pero no trabajes. Dale un respiro al cerebro.

6. Repite los pasos 3 a 5 tres veces más hasta que hayas completado cuatro sesiones de 30 minutos, o un *«pomodoro»* completo (las cuatro sesiones de 30 minutos sugieren los cuatro cuartos en los que a menudo se corta un tomate).

A medida que te acostumbres a esta manera de trabajar disciplinada y altamente enfocada, notarás no solo un aumento en la concentración, sino también en la productividad y en la creatividad.

Y algunos otros fenómenos muy extraños...

Curvar la mente, curvar el tiempo

Hay, por supuesto, otras formas además de la del *«pomodoro»* de sumergirse en este estado de «trabajo profundo». También ocurre cuando se camina en peregrinaje.

Los templos de la Peregrinación de los 88 Templos no están espaciados uniformemente. Por ejemplo, en los primeros tres días visitas alrededor de diez templos que están agrupados muy cerca, mientras que en otras ocasiones se necesitan tres o cuatro días para caminar de un templo al siguiente templo.

Fue durante uno de esos tramos de caminata alucinantemente larga, dura y aburrida que caí en un estado meditativo, una especie de «trabajo profundo», si se quiere.

La mañana que emprendí esa maratón me había resignado a los difíciles días que se avecinaban. Había dejado de quejarme y resistirme al desafío, recordándome a mí mismo en cambio que simplemente debía concentrarme en el aquí y ahora, sin importar lo monótono que fuera. Si mi mente se desviaba a pensamientos sobre la línea de meta, la empujaba suavemente hacia la marcha.

A medida que recorría kilómetros, mi mente parecía caer en el ritmo de mis pasos, y los pensamientos invasores y extraños simplemente abandonaron y se detuvieron. Recuerdo en su lugar una profunda sensación de tranquilidad y sosiego. Y, sin embargo, extrañamente, no importa cuán agradables fueran los sentimientos, no estaba apegado a ellos ni me preocupaban demasiado; no eran ni buenos ni malos, simplemente «eran». Estaba completamente involucrado en el momento y en la tarea en cuestión, y los pensamientos y juicios superfluos se deslizaban fuera de mi mente como el agua del lomo de un pato.

Al momento siguiente, o eso parecía, una sensación de frío en el aire cortó mi estado mental y miré hacia arriba para ver la luna brillando contra la oscuridad del cielo nocturno, negra como la tinta. Había caminado casi catorce horas sin descansar, pero me había parecido que no eran más de 30 minutos. Era como si el tiempo se hubiera curvado.

Los meditadores y otras personas involucradas en el trabajo enfocado durante largos períodos a menudo informan de esta distorsión del tiempo. En sí mismo, no nos sirve mucho más que para proporcionar una anécdota interesante para contar en el bar cuando salimos con los amigos. Pero hay algo más en este estado hiperconcentrado que es directamente beneficioso para nuestra causa inmediata, como caminantes en el Camino del Budista Millonario.

En este profundo estado de hiperenfoque, libre del pensamiento neurótico, tenemos un atisbo de lo que los budistas llaman «vacío» y, paradójicamente, está lleno de potencial.

Sentarse quieto y el arte del «vacío»

Como hemos visto, tanto las técnicas del «Enfoque turbio» como la de los «Tomates rojos» son extremadamente útiles para mejorar el enfoque y la productividad. Son herramientas prácticas y con los pies en la tierra que te ayudarán a lidiar con los pasos y acciones del día a día necesarios para crear un trabajo alegre y productivo.

Pero hay más en la vida que lo práctico y lo mundano. Uno de los dones del camino budista y, a su vez, del Camino del Budista Millonario, es que trata tanto de lo mundano como de lo sagrado. Si se utiliza correctamente, lo sagrado puede influir de manera genuina y realista en lo mundano.

Cuando un nuevo estudiante de artes marciales con cinturón blanco entra a un *dojo* (una sala de entrenamiento de artes marciales tradicional japonesa), a menudo se queda mirando con asombro las habilidades de los cinturones negros en la clase.

La brecha entre los conjuntos de habilidades es tan amplia que, para los cinturones blancos, los cinturones negros parecen tener una cualidad casi mística y mágica. Pero a medida que pasan los años y el novato se convierte en alumno intermedio, no solo se reduce la brecha de habilidades, sino que la verdad también amanece. Los estudiantes se dan cuenta de que lo que alguna vez pareció mágico es de hecho el producto de muchas horas de esfuerzo mundano. La magia es que no hay magia.

Este próximo método de meditación te ayudará a acceder a la magia que no es mágica: el «vacío».

Los budistas no creen en un creador o una figura divina separada y benévola. Más bien creen que estamos muy a cargo y somos responsables de lo que sucede en nuestra vida, y esto se explica en la doctrina del «origen dependiente».

El «origen dependiente» enseña que nada existe por sí solo, sino que se deriva de circunstancias anteriores. Todo está respaldado por algo más en el pasado y brinda soporte para algo que está por venir.

Por ejemplo, un creador no produce un trozo de papel de la nada. Está hecho de agua y pulpa. La madera proviene de los árboles, que provienen de las semillas de otros árboles. De esta manera, todo tiene una causa y un efecto.

El concepto de «vacío» en el budismo lleva este pensamiento más lejos. Si nada puede existir separado de otra cosa, entonces, en nuestra fuente, todos debemos ser uno. Somos literalmente parte de la misma fuente: son las estrellas y la luna y todo lo que hay en el medio.

Piénsalo de otra manera: me gusta relacionarlo con la idea de «despellejar».

Mírate la mano, ciertamente parece algo definitivo y específico. Pero imagina que pudieras quitar la piel de lo que ves, retroceder y descubrir lo que hay debajo. Cuando retiras la piel de la mano, encuentras tendones, músculos y huesos. Cuando retiras tendones, músculos y huesos, encuentras sangre, capilares y células. Cuando retiras las células, encuentras moléculas, átomos, protones, electrones, etc.

¿Puedes ver a dónde nos lleva esto?

Cualesquiera que sean los otros innumerables pasos que se puedan descubrir y nombrar en el camino, en última instancia, terminamos en una única fuente que contiene todas las cosas.

Esto es el «vacío». Nada puede existir separado de esto. ¿Cómo podría hacerlo? ¿Dónde residiría, sostenida por la «cosa que contiene todas las cosas»? Quédate con este pensamiento. Tiene sentido, en determinado momento.

Sin embargo, este «vacío» no carece de valor. Es un vacío compacto, lleno de todo lo que alguna vez hubo, es o será. Es la fuente de alimentación definitiva.

La idea de «vacío» a menudo aterroriza a la gente, como me ocurrió a mí cuando escuché por primera vez a los budistas hablar de ello. Puede evocar pensamientos negativos de una dimensión vacía de actividad, como estar muerto eternamente sin nada que hacer (esta imagen me perseguía cuando era niño).

Pero el «vacío» no es la «nada».

Desde una perspectiva budista, el «vacío» está vivo y repleto de posibilidades.

Imagínate una casa despojada de todos los muebles, accesorios y adornos. Desde un punto de vista, es un lugar frío desprovisto de la energía bulliciosa de una familia. Desde otro punto de vista, es un maravilloso espacio lleno de potencial; un hogar embrionario que espera evolucionar a través de vidas, eventos e historias, aún sin realizar. El «vacío» es el lienzo en blanco de la vida, y es un regalo, no una maldición.

Meditación Zen: sentarse quieto sin hacer nada

La meditación Zen es famosa por sus monjes que se sientan durante horas y horas mirando una pared en blanco. Es la práctica de meditación budista zen del Zazen.

Mientras que la técnica de meditación del frasco turbio utiliza un punto de enfoque para involucrar y, por lo tanto, aquietar la mente, la práctica del Zazen no utiliza tal ancla. En cambio, simplemente observa lo que está sucediendo en la mente en un punto dado sin usar ninguna herramienta. En cierto modo, alguien que practica Zazen, en lugar de mirar el barro en el frasco, se convierte en el barro del frasco. Con el tiempo, el barro se asentará si se deja solo, independientemente de la técnica o del ancla: también nuestras mentes.

Algunas personas prefieren usar anclas para meditar mientras que otras no. Personalmente, practico Zazen. Como alguien que se basa en objetivos y es un poco controlador, la instrucción para la meditación basada en el enfoque se convierte en algo más que tengo que lograr y otra cosa que se agrega a mi lista de «tareas pendientes». El Zazen, sentado quieto sin hacer nada, me libera de esto.

Ambos tipos de técnica son excelentes y ambos funcionan.

He añadido el segundo porque habría sido poco sincero por mi parte enseñar la meditación basada en el enfoque más común y no en mi práctica personal.

Aquí están las instrucciones:

1. Siéntate cómodamente en tu lugar tranquilo, no te encorves, mantén la espalda recta.
2. Configura un temporizador para el tiempo que prefieras: 5, 10, 15, 20 minutos. Yo utilizo una varilla de incienso que tarda exactamente 45 minutos en quemarse, pero un temporizador es igual de bueno.
3. Siéntate quieto, no hagas nada y simplemente «observa» lo que sucede en tu mente.
4. Siéntate quieto, no hagas nada y simplemente «observa» lo que sucede en tu mente.
5. Siéntate quieto, no hagas nada y simplemente «observa» lo que sucede en tu mente.
6. Siéntate quieto, no hagas nada y simplemente «observa» lo que sucede en tu mente.
7. Siéntate quieto, no hagas nada y simplemente «observa» lo que sucede en tu mente.
8. Siéntate quieto, no hagas nada y simplemente «observa» lo que sucede en tu mente.
9. Siéntate quieto, no hagas nada y simplemente «observa» lo que sucede en tu mente.
10. ¡Se acabó el tiempo!

Con el tiempo, una vez que se permite que los pensamientos se asienten y regresen a donde sea que fueron fabricados, te quedarás con un atisbo de esa fuente de poder supremo que los budistas llaman «vacío». Cuanto más lo vislumbras, más confías tanto en su existencia como en su potencial para guiarte y ayudarte en tu vida.

El cartero siempre llama dos veces

Mientras escribía este capítulo, el cartero interrumpió mi flujo con unos golpes en la puerta. Creo que mi mirada contrariada pudo haberle dicho que me había molestado, pero él siguió hablando de todos modos.

«¿Qué estás escribiendo?», preguntó, y yo, deseoso de no parecer grosero, solo concentrado, le dije cómo estaba tratando de explicar lo inexplicable con mi analogía de «despellejar» y las instrucciones del Zazen.

«Dios mío», dijo. «Suena como si estuvieras tratando de explicar a Dios.»

No había pensado en eso antes, pero, sabes qué, tiene un buen punto.

Cheree Strydom, nuestra cantautora sudafricana del capítulo 5, se hace eco de los pensamientos del cartero.

Cuando se habla de música, es imposible para Cheree ocultar el amor, la pasión y la emoción en su voz. Su entusiasmo no solo es contagioso, sino que también tiene una profundidad y una calidad que se antoja de otro mundo. Le pregunté si sentía que su música era de alguna manera una experiencia espiritual.

«¡No podrías haberlo dicho mejor! La música es Dios para mí, si eso tiene sentido.» Le dije que ciertamente lo tenía. «Me lleva a un estado eufórico, y también me hace sentir, de alguna manera, aún más conectada con lo que creo. No puedo identificarlo, solo etiquetarlo como Dios. Pero es mi forma de dios, diferente a la que adoramos en una iglesia, no es una figura específica.»

Cheree, a través de su música, accede a la esencia de la vida de la misma manera que lo hacen los budistas a través de sus técnicas de meditación, y Cal Newport lo hace con su «trabajo profundo».

Cuando dejé al cartero y regresé a mi despacho para completar este capítulo, encendí la luz. Se me ocurrió que aunque no puedo ver la electricidad que enciende la luz en mi escritorio, su existencia, por su efecto en mi vida, es innegable. No importa el nombre que le demos a esa «fuente de energía suprema», sabemos que algo impulsa nuestras vidas. Incluso los más cínicos, que adoptan una visión mecanicista de la vida en la tierra, ¡no pueden negar que está impulsada por algo!

Lo que es más importante es cómo utilizamos esa fuente para mejorar nuestras vidas.

Sostener el mundo con las yemas de los dedos

Al comienzo de este capítulo, he hablado de la relación inquebrantable entre esta lección, la número 5, y la anterior, y cómo una facilita la otra.

Ya he mencionado que tu hígado realiza más de quinientas funciones, pero hay otra magia natural presente en tu cuerpo todo el tiempo: tus riñones actualmente están limpiando tu sangre de toxinas y en 24 horas habrán filtrado casi 200 litros de líquido; tu corazón está ocupado latiendo alrededor de 100.000 veces al día, de modo que puede enviar 7.000 litros de sangre a través de las aproximadamente 96.000 kilómetros de vasos sanguíneos que alimentan tus órganos y tejidos. Todo eso sucede sin que te des cuenta, tu única prueba de ello es que estás vivo.

Considera estos procesos. El atisbo de «vacío» que lograrás a través de la meditación es la fuente de todos estos maravillosos fenómenos. Desarrolla la confianza en el conocimiento de que, si puedes manejar las funciones de tu hígado, riñones y corazón, también puedes manejarte para llevarte hacia una vida de trabajo rentable de tu elección. No es necesario que «sostengas el mundo con las yemas de los dedos»; ya gira bastante bien sobre su eje sin tu ayuda. Todo lo que se requiere de ti es que elijas lo que deseas y que luego dejes que el universo se encargue del resto (si necesitas ayuda, te enviará maestros e instrucciones como te conté en la Lección 3).

Cuando practicas la meditación, no solo dejas que tus pensamientos se apaguen, sino que también revelas tu «fuente de vida». Con cada sesión de meditación, construyes un vínculo con esa fuerza inherente que suplirá tus sueños. La meditación se convierte en una aliada en la que, con el tiempo, aprendes a confiar de todo corazón.

No obstante, es innegable que, para algunos, las decepciones pasadas, los sueños rotos y las expectativas incumplidas han erosionado la creencia de que es posible ser «cualquier cosa que sueñes». Con toda probabilidad, es esta falta de fe lo que ha llevado a tantas personas a quedarse estancadas en sus carreras y trabajos, que abandonarían en un abrir y cerrar de ojos si tuvieran la oportunidad. Negar nuestros fracasos del pasado sería un error y hacerlo convertiría este libro en una guía de autoayuda al estilo de Pollyanna. [17]

No voy a negar que el camino hacia el éxito a veces puede ser problemático. No voy a decir que esta vida benévola siempre nos mantendrá a salvo de daños y nos proporcionará nuestras nobles metas sin costo alguno. Voy a sugerir que hagamos lo que hacen los budistas cuando surge un problema: mirarlo directamente a los ojos y encontrar un camino hacia otro lado.

---

17. Novela de Eleanor H. Porter publicada en el año 1913, cuya protagonista busca el lado bueno de cualquier situación para alegrarles la vida a todos los que la rodean. *(N. del T.)*

LECCIÓN 6:
CUANDO LAS COSAS SALEN
MAL: LA LEY DEL KARMA

Después de realizar la Peregrinación de los 88 Templos, que afirma la vida, como ciertamente ocurrió, todavía tenía algunas preguntas sin respuesta. Una en particular se refería al fracaso.

Recuerdo que era una mañana de febrero hermosa y fresca, soleada y muy fría. Con casi mil kilómetros aún por recorrer, tenía más asuntos urgentes en mi mente que esa preocupación fugaz. Pero la inquietud no me abandonaba y no podía imaginar una respuesta o solución adecuada. Es una situación familiar para la mayoría de nosotros, y esta lección está diseñada para esos momentos de duda y decepción que inevitablemente encontrarás en tu búsqueda de propósito y prosperidad.

A estas alturas, ya sabes que este libro se basa en la premisa de que las semillas del éxito son inherentes a nuestros deseos y elecciones. En lugar de pedirte que creas ciegamente lo que digo, he intentado demostrar los puntos a través del marco del budismo, dada su posición en el punto de apoyo de la religión, la filosofía y la ciencia. Soy consciente de los límites de los

marcos del pensamiento y de las palabras (ninguno de nosotros, hasta ahora, tiene todas las respuestas). Si bien tengo una
experiencia directa y duramente ganada de «pide y se te dará»,
hay un problema irrefutable: un elefante en la habitación.

Por cada historia de éxito que demuestra mi idea, hay otra
que lo refuta por completo. Eso me ha fastidiado durante años.
¿Cómo puede ser, a pesar de mis experiencias positivas?

Si estamos de acuerdo con la lógica de las enseñanzas budistas sobre el «vacío» y el «origen dependiente» (todo está conectado), como se describe en el capítulo anterior, entonces nada debería quedar fuera de la idea de que todos los éxitos son posibles.

Recapitulemos sobre estas enseñanzas con un experimento
mental. Comienza con una hoja de papel en blanco.

Dibuja un círculo en medio de la hoja. Eso representa el «todo».

Por definición, todo está incluido en el «todo». Nada puede separarse de lo que es total.

Ahora, dibuja una línea recta perpendicular fuera del círculo.
Eso es lo que hice cuando me dijeron por primera vez que nada
podía existir fuera del «todo». La línea representa la separación,
algo separado del «todo». Había demostrado que la existencia
puede operar fuera de la totalidad. Básicamente, había desacredi-
tado un pilar importante del budismo.

O eso pensé.

Mi maestro sonrió ante mi esfuerzo y negó con la cabeza.
«Esto», dijo señalando la hoja de papel en lugar de los diagra-
mas, «es el todo».

Pero no había terminado. Dibujé una nueva línea, no en el
papel, sino en la mesa sobre la que descansaba el papel. Mis
cejas enarcadas y una sonrisa levemente satisfecha lo desafia-

ron de nuevo. «Levántate», me ordenó. Me puse de pie y me mostró que la mesa en la que había trazado la línea ahora contenía el «todo». Me di cuenta, en ese mismo momento, de que aquello podría continuar hasta el infinito, tal como lo hace el espacio con todas sus estrellas, planetas y galaxias. Nada puede existir fuera del «todo». Nosotros realmente somos «todo uno».

Dentro de esta «unidad total», por lo tanto, está toda posibilidad que alguna vez fue, es o será. Nada puede quedar fuera de esto, por lo que debe ser cierto.

Siguiendo este experimento mental, llegamos a la conclusión de que, al menos teóricamente, todo es posible. Los maestros nos lo han dicho durante generaciones.

Pero entonces, y este era el meollo de la preocupación que no me abandonaba, ¿por qué las personas fracasan? ¿Por qué les pasan cosas malas a las personas buenas? ¿Por qué hay quien muere joven? ¿Por qué no puedo conjurar un árbol del éter solo con el pensamiento cuando la teoría sugiere que debería poder hacerlo? A pesar de mi experiencia personal, esta preocupación fue la falla de la teoría.

Y entonces me di cuenta. Las respuestas estaban más cerca de lo que pensaba. De hecho, las respuestas se encuentran en una enseñanza que ya conocía, pero que no había investigado lo suficiente.

Ten cuidado con lo que pides

El experimento mental anterior sugiere que nuestra base es una fuente que contiene el potencial de todas las cosas. Esa misma fuente, sin embargo, contiene tantas cosas que no nos gustan como cosas que codiciamos: arriba y abajo, bueno y malo, éxito y fracaso.

A la fuente de todas las cosas no le importa si pides que en tu vida entren cosas buenas o cosas malas. Su trabajo es simplemente crear.

Si creemos en esta importante enseñanza del budismo, debemos reconocer que somos responsables de todo lo que se manifiesta en nuestras vidas, en algún nivel. En algún lugar, de alguna manera, lo hemos elegido para que exista. La respuesta sobre el fracaso me había eludido durante tanto tiempo porque me negaba a aceptarla.

Incluso escribir los siguientes ejemplos me enoja y me entristece. Hace dieciocho meses, una amiga de la familia murió de cáncer. Tenía solo 38 años y dejó a un esposo devastado y cuatro hermosos hijos. Mi esposa siempre ha querido tener hijos pero no puede concebir, mientras que otras personas a su alrededor, algunas de las cuales no quieren tener hijos en particular, se quedan embarazadas aparentemente en un abrir y cerrar de ojos.

Sentado junto a un magnífico elefante africano tirado en el suelo con una mirada vidriosa y sangre goteando por el agujero de bala en su cabeza, hay un cazador de trofeos que parece orgulloso de los logros de su día.

¿Quiere el budismo que crea que los que sufren en todas estas historias pidieron lo que les había sucedido? Sí. Eso es precisamente lo que dice.

Sin embargo, esta enseñanza no es tan brutal y falta de compasión como parece inicialmente. De hecho, ofrece algo de esperanza. Solo tenemos que aprender a ver a través de una lente ligeramente diferente para beneficiarnos de esta lección.

El ruido blanco que suena en muchos de nuestros orígenes, quizá como producto de nuestra educación escolar vagamente religiosa, es una creencia en un Dios punitivo. Esto es lo que causa la resistencia (ciertamente es lo que causaba la mía), cuando una enseñanza sugiere que las cosas malas en nuestras vidas son nuestra responsabilidad. A través de la lente de un creador punitivo, interpretamos la responsabilidad como culpa y vemos el resultado como un castigo. ¿Quién en su sano juicio quiere creer en este tipo de ideas? Pero esta no es la enseñanza o la creencia de los budistas.

El budismo no tiene un solo creador a la cabeza, repartiendo cosas buenas a las personas buenas y cosas malas a los que caen en desgracia.[18] En cambio, el budismo cree en la causa y el efecto, que ellos llaman «karma». Sin duda, habrás oído hablar del karma: es uno de esos términos orientales que se ha integrado en nuestras vidas occidentales.

La palabra sánscrita karma se traduce como «acción» y significa simplemente «causa y efecto observable». Si soy amable contigo, probablemente tú también lo serás conmigo. Si no demuestro pasión en mi trabajo, lo más probable es que haga un esfuerzo a medias y acabe despedido. Si no riego una planta, morirá y perderé la sombra potencial de un roble. El karma es una ley natural, no más punitiva que la gravedad. Por ejemplo, la gravedad no castiga todo lo que sube haciéndolo estrellarse contra el suelo. Simplemente es la gravedad.

Lee las siguientes instrucciones y luego haz el ejercicio de pensamiento:

---

18. El budismo tiene dioses, pero son meras manifestaciones de la «fuente última» en lugar de creadores punitivos.

Cierra los ojos y presta atención a lo que sientes en este momento. ¿Cómo se manifiesta ese sentimiento en tu cuerpo? ¿Hay un poco de tensión que no sabías que tenías? ¿Dónde está si la hay? ¿En qué parte del cuerpo? Si no puedes sentir nada, bueno o malo, ¿qué puedes sentir? ¿Hay un vacío?

La cuestión es que la mayoría, en un momento dado, estamos demasiado ocupados para notar qué sentimientos, pensamientos y emociones sutiles operan como nuestra configuración predeterminada.

Ahora haz este segundo ejercicio: piensa en algo que realmente desees lograr. Cierra los ojos y observa los sentimientos que surgen. ¿Son de esperanza o de miedo? ¿Son positivos o dudosos? ¿Tu mente ha empezado a decirte todas las razones por las que no sucederá?

La mayoría de nosotros no somos conscientes de los sentimientos que corren por nuestras venas durante el día. Los ahogamos encendiendo la radio en el coche, revisando nuestro servicio de noticias de las redes sociales, tomándonos otro café y así sucesivamente. Pero es importante prestar atención: nuestros sentimientos impulsan nuestros pensamientos. Si tus sentimientos subyacentes son negativos, también lo serán tus pensamientos. Tus pensamientos y sentimientos negativos impulsarán tus decisiones, acciones y resultados. Lo que hagas se convertirá en su resultado entregado por la ley de la causa y el efecto, la ley del *karma*.

¿Aún no quieres creerme? Puedo apreciar la resistencia a la responsabilidad. Piensa en un día en el que te despertaste sintiéndote malhumorado. Ahora recrea el resto del día en tu memoria. Sabes tan bien como yo que, a menos que hayas hecho algo realmente drástico para mejorar tu estado de ánimo, el día no fue bueno. El estado de ánimo, la mentalidad y los resultados fueron noticia hace 30 años; hoy en día la conexión está bien documentada y es innegable.

Nuestras creencias predeterminadas («Soy un fracaso, ya me lo decía mi padre»; «Tengo mucha suerte, mi madre siempre dijo que tenía siete vidas») impulsan nuestros sentimientos y pensamientos. Si no prestamos atención, no sabemos lo que estamos proyectando al mundo. [19]

La ceguera y la falta de atención a los sentimientos y pensamientos que proporcionan el telón de fondo de nuestras vidas tienen un gran impacto en nuestras experiencias cotidianas. Debemos, literalmente, prestar atención a lo que pensamos, porque son nuestros pensamientos los que dan forma a nuestro karma y, a su vez, a nuestras vidas.

Hay otra enseñanza budista, indisolublemente ligada a la idea del karma, que estoy obligado a mencionar mientras busco una posible explicación de por qué suceden cosas malas en nuestras vidas: la reencarnación.

Reencarnación: ¿tonterías budistas en su máxima expresión?

Gary Chamberlain es un hombre que no se anda con rodeos. Después de una carrera de 31 años sirviendo en la primera lí-

---

19. Una nota importante: ideas similares al karma pueden encontrarse dentro de máximas seculares no budistas como: «Cosechas lo que siembras»; «Tú creas tu propia suerte»; «Cuanto más práctico, más suerte tengo».

nea del servicio de bomberos y de un «pasatiempo» de 46 años practicando karate de contacto total, es un hombre duro en todos los sentidos de la palabra.

«Soy pragmático», dice Gary. «Tienes que secarte los ojos y no sentir lástima por ti mismo. Enfréntate, actúa. Forma un plan. Sentarse cruzado de brazos, chuparse el pulgar y sentir lástima por uno mismo no sirve absolutamente de nada.»

Fue una publicación de Gary en las redes sociales titulada, «¿Por qué le suceden cosas malas a la gente buena?» lo que me hizo pedirle una entrevista. Resultó ser una de las personas más interesantes que he tenido el placer de conocer.

Gary había escrito la publicación con referencia a un colega del servicio de bomberos que es valiente, sociable, positivo y «¡simplemente un buen tipo!». Todos los indicadores sugieren que se trata de un hombre cuya configuración predeterminada es positiva.

«Es un tipo que se dirigía a un curso cuando vio un accidente de tráfico», explica Gary. «¡Por la bondad de su corazón, se detuvo, prestó ayuda y fue atropellado por un camión! Le rompió la espalda. Ha estado sufriendo desde entonces.

¿Por qué un hombre con las cualidades de lo que los budistas llaman Bodhisattva[20] y una actitud y un estado mental generalmente positivos logra atraer cosas malas a su vida? ¿Es

---

20. En el budismo Mahayana, un Bodhisattva es alguien que se demora en alcanzar su propio nirvana para mostrar compasión por aquellos que aún sufren en la vida. Simplemente, apunta a las cualidades en aquellos que brindan servicio, compasión, coraje y un deseo de ayudar a los demás, a pesar de los riesgos y la pérdida para ellos mismos. (Se podría argumentar razonablemente que todo nuestro maravilloso personal de los servicios de emergencia son Bodhisattva).

simplemente la dura realidad de la suerte? Esa falta de control sobre nuestro destino para aquellos que creen en un universo gobernado por el azar es un pensamiento deprimente, pero el budismo tiene otra explicación más esperanzadora. Es decir, que dentro del «todo» que describimos anteriormente, nada muere (¿a dónde iría después de todo?), simplemente cambia.

Hagamos otro experimento mental para investigar más esta idea.

Imagina un árbol lleno de hojas en verano. Durante el otoño, las hojas comienzan a marchitarse, a volverse marrones y a caer. En esencia, las hojas están muertas. ¿Pero lo están? Si bien han cambiado de forma, siguen desempeñando un gran papel en el ecosistema de la vida.

Las hojas en descomposición proporcionan nutrientes esenciales para el crecimiento de nuevos organismos y son parte del proceso cíclico que mantiene toda la vida en la tierra. Entonces, en la muerte, la hoja da vida. Se podría decir que la hoja renace en el organismo.

Muchas escuelas de budismo creen en la reencarnación, y fue esta doctrina, así como el concepto de karma, lo que inicialmente impidió mi compromiso total con las enseñanzas budistas. Sin embargo, a medida que pasaba el tiempo, comencé a ver la «reencarnación» a mi alrededor y comencé a comprender el valor de la enseñanza. Cometí un error fundamental al asumir que, como novato en las enseñanzas, había comprendido completamente los conceptos. Como los estudiantes novatos de artes marciales que llegan a clase el primer día esperando sentirse como en una película de Bruce Lee: ¡se sorprenden cuando el entrenamiento les provoca dolor, los movimientos no suenan en plan *shiuuu* y se mueven como una jirafa recién nacida en lugar de con la gracia y el estilo de Jackie Chan.

Había cometido el mismo error de colegial con mi pensamiento estereotipado sobre la reencarnación. Desde mi punto de vista limitado, había pensado que significaba que el tío Jack, atropellado por un camión de la basura, volvería como un perro zombi para aterrorizar a sus asesinos todos los miércoles el día de la recolección de basura. Fue una interpretación ingenua e irreflexiva de una de las ideas clave del budismo, que no podía creer, así que rechacé de plano la idea.

Pero cuando vi la reencarnación desde la perspectiva más práctica y matizada de hojas en mantillo como alimento para organismos (como los budistas estarían más inclinados a pensar), todo tuvo más sentido. De hecho, desde ese punto de vista, pude ver la vida, la muerte y la reencarnación (el renacimiento) a mi alrededor: en el cambio de estaciones, en el recambio celular del cuerpo, incluso en los delitos, el tiempo en la cárcel y la rehabilitación de los criminales condenados.

Otra manera con la que a los budistas les gusta describir la reencarnación es a través de la analogía de la relación entre una ola y el océano. El océano se ve como el «todo», mientras que las olas son las «crestas de la vida» individuales que nacen de él y luego vuelven a él en el ciclo interminable del agua inmortal. Tal vez un cambio de nombre, de reencarnación a reciclaje, recreación o reutilización podría ser más útil.

Cuando combinamos las ideas del karma (causa y efecto) y la reencarnación (nada muere realmente), se nos abre un nivel completamente nuevo de comprensión sobre nuestras vidas y el universo. Nos acercamos a una posible explicación de por qué a veces les suceden cosas malas a las personas buenas (y viceversa). Volvamos al amigo bombero de Gary que, a pesar de ser una fuente de bondad, tuvo más que su parte justa de mala suerte, para ver cómo estas ideas podrían explicar su pobre fortuna.

Según las enseñanzas budistas, se podría sugerir que sus dificultades actuales son los efectos de maduración de acciones/pensamientos negativos pasados que quedaron de ayer (o antes), y que su actitud positiva hoy, a pesar de sus dificultades actuales, pagará dividendos positivos mañana (o después). Por supuesto, esto es una conjetura y servirá de poco para hacer que algunas personas se sientan atraídas por los conceptos de karma y reencarnación, pero vale la pena considerar las ideas, aunque solo sea para señalar una posible teoría de por qué les suceden cosas buenas a las personas malas. La alternativa, cuando se trata de por qué suceden cosas malas, es creer en los destinos repartidos por los dioses punitivos de varias religiones o en la arbitrariedad del «azar» sugerida por la ciencia. Para mí, seguir la línea media del budismo se adapta a mis necesidades.

A primera vista, parece que la idea de karma nos deja en una situación bastante desesperada: ¿estamos todos destinados a vivir las consecuencias de errores pasados, desde Dios sabe cuánto tiempo atrás? Pero si bien no podemos escapar de esta «deuda kármica», una vez pagada, se acaba y nuestra vida futura estará moldeada por las lecciones que hemos aprendido de la experiencia. Por supuesto, se debe optar por buscar las lecciones inherentes a la dificultad.

Resquicios de esperanza

Tanto si eliges aceptar las ideas del karma y la reencarnación para explicar por qué suceden cosas malas como si no, no cambia el hecho de que suceden cosas malas. Sin embargo, si creemos o no que se cumplan es menos importante que lo que elegimos hacer cuando nos enfrentamos a tal adversidad.

Muchos de nuestros malos momentos empeoran al preocuparnos y resistirnos a ellos. Tomemos como ejemplo el intenso dolor físico de una migraña. Aunque el dolor, precipitado por cualquier error que hayamos cometido anteriormente (consumir demasiado chocolate, café o vino tinto, estrés, demasiado o muy poco ejercicio o lo que sea) es innegable, nuestra relación con él lo hace más fácil o más difícil de soportar.

Jon Kabat-Zinn es el fundador de MBSR, un programa intensivo de ocho semanas de reducción del estrés basado en la atención plena, que se imparte en su clínica de reducción del estrés en el Centro Médico de la Universidad de Massachusetts. Desde el inicio del programa en 1979, él y su personal han ayudado a miles de pacientes a aprender cómo lidiar con el dolor crónico utilizando las herramientas budistas de la meditación consciente (aunque el curso es de naturaleza secular).

El programa proporciona estrategias que ayudan a los pacientes a cambiar su actitud y relación con el dolor. Se podría decir que les ayuda a buscar los «resquicios de esperanza» en su adversidad.

Uno de los métodos de Kabat-Zinn para enseñar a las personas a lidiar con el dolor es el «ejercicio del cadáver». En este ejercicio, los pacientes permanecen acostados y quietos en el suelo con los ojos cerrados. Durante los siguientes 45 minutos, se les pide que dirijan su atención durante unos breves momentos a cada parte del cuerpo, comenzando por los dedos del pie izquierdo y subiendo progresivamente por el resto de las extremidades y el torso, culminando en la coronilla. La instrucción es simplemente observar la sensación de cada parte del cuerpo (agradable, desagradable o neutral) sin ningún intento de arreglar o cambiar nada. De esta manera, se convierten en «observadores» del dolor en lugar de «víctimas».

(Piensa en el capítulo sobre meditación. La habilidad principal desarrollada en la técnica de meditación Zazen es observar objetivamente lo que sucede en la mente sin apego excesivo. Se puede hacer lo mismo con el dolor).

Kabat-Zinn sugiere que el dolor, ya sea físico, mental, emocional o incluso espiritual, no es nuestro enemigo. Es simplemente el sistema de alarma de nuestro cuerpo que nos advierte que algo anda mal y requiere atención. El problema es que se nos anima a ignorar las advertencias y evitar el dolor. De acuerdo con una empresa líder en investigación de mercado en línea, el mercado global de alivio del dolor tópico fue valorado en 7.481 millones de dólares en 2017, y se proyecta que alcance los 13.276 millones en 2025. Eso es mucho alivio de dolor.

Irónicamente, es nuestra aversión, miedo y resistencia al dolor lo que nos mantiene encadenados a él. Al poner nuestra atención y esfuerzo en negarlo, no solo se vuelve más frecuente en nuestra mente, sino que también puede exacerbarse a medida que nuestro sistema de alarma «ignorado» grita más fuerte para ser escuchado. Si no escuchamos nuestro dolor, seremos incapaces de evitar el daño del que puede estar intentando protegernos. En el ejercicio del cadáver del programa MBSR, los pacientes comienzan a ver su dolor no como un enemigo, sino como un indicador de que algo está desequilibrado; y, la mayoría de las veces, una vez que se acepta el dolor y se aprende la lección, se calma por sí solo, sin opioides.

La próxima vez que sufras algún tipo de dolor, tómate un momento para notar los «complementos» que crea para ti, además del dolor en sí. Por ejemplo, temo y me resisto tanto al dolor de la migraña que tenso la mandíbula y los hombros, lo que resulta en más dolor. Los budistas llaman poéticamente a este círculo vicioso de sufrimiento causado por la resistencia samsara. Lo contrario es el nirvana. La manera de salir del sufrimiento, dicen, no es resistirse a él, sino simplemente «observarlo con atención». De esta forma, aunque el dolor es indiscutible, dejamos de luchar contra él, y se deja que «haga lo suyo». Para mí, esto resulta en un dolor de cabeza que dura horas en lugar de días. Un alivio muy bienvenido.

Es hora de conocer a uno de nuestros budistas millonarios para quien el dolor y la dificultad son un hecho cotidiano.

Mo

Se le conoce como Mo, pero su verdadero nombre es Moatez Jomni, y es un atleta paralímpico británico de 30 años de edad.

Mo, nacido en Túnez, quedó en silla de ruedas cuando, a los cuatro años, fue atropellado dos veces en rápida sucesión.

«Fue un atropello y fuga. Tenía solo cuatro años cuando sucedió, era solo un niño. Puedo recordarlo vívidamente, estaba jugando al fútbol en la calle y me senté a descansar en la acera, y de repente, un enorme camión viene y me pasa por encima de las piernas. Estaba tirado en la carretera y luego un taxi que circulaba muy cerca del camión también me atropelló. Quizá el camión le bloqueaba la vista al conductor del taxi. Después de aquello, mi vida cambió por completo», me contó Mo.

Al vivir en una parte muy pobre de Túnez, la familia de Mo no podía comprarle una silla de ruedas. Una vez que finalmente salió del coma, sus amigos y familiares solían llevarlo a la escuela cargado en la espalda. Al no ver un futuro a largo plazo en Túnez, los padres de Mo trabajaron servilmente para asegurar su asilo en el Reino Unido, su hogar adoptivo.

Para muchos para-atletas, atletas olímpicos o no, los límites de su discapacidad dentro de su campo deportivo elegido es solo una montaña que escalar; existen otros desafíos, a menudo más serios. Para los atletas en silla de ruedas, existen también los problemas de circulación sanguínea, las complicaciones de la distorsión postural y el dolor constante.

«De los 21 a los 22 años, fui la persona más enferma de todos los tiempos. Tuve una caída y pasé dos años, intermitentemente, en el hospital. Afectó mi lesión, tenía úlceras por presión y me afectó la médula espinal… Sanas muy lentamente cuando estás discapacitado», me explicó Mo. «En ese momento me preguntaba, ¿qué diablos voy a hacer con mi vida? Las cosas iban realmente mal.»

Durante su juventud, Mo había sufrido más que su parte justa de dificultades y podrías haberlo perdonado si hubiera querido retirarse a un caparazón de amargura. Pero no, Mo no.

«Un día, tendría unos 23 años, me senté y me dije: "Esta no puede ser tu vida". En ese instante, algo hizo clic», dijo Mo.

En un momento de inspiración, decidió reenfocarse en una aspiración que había tenido cuando tenía dieciséis años, una meta que sus padres naturalmente preocupados le desanimaron a hacer, pero que ahora, como hombre y no adolescente, tenía la autonomía para perseguir. Mo sería un atleta.

Mo se puso en contacto con UK Athletics, que lo puso en contacto con la Weir Archer Academy. Jenny Archer, entrenadora del legendario medallista paralímpico múltiple David Weir, evaluó el potencial de Mo y acordó que le daría una «oportunidad».

Esta es una lista de los logros de Mo Jomni hasta la fecha:

- Finales paralímpicas, Río de Janeiro, 2016.
- Medalla de bronce en el Campeonato Mundial de Atletismo del IPC, Doha, 2015, 200 m T53 (clasificación de carrera).
- Campeonatos de Europa del IPC:
  Medalla de oro, Swansea, 2014, 400 m T53.
  Medalla de bronce, Swansea, 2014, 800 m T53.
  Medalla de oro, Grosseto, 2016, 200 m T53.
  Medalla de plata, Grosseto, 2016, 400 m T53.
  Medalla de plata, Grosseto, 2016, 800 m T53.
  Medalla de bronce, Grosseto, 2016, 100 m T53.

Mo sigue esforzándose y apunta cada vez más alto en su carrera. Dejaba la entrevista para volar a otro evento del Campeonato de Europa (volvió a ganar medallas, dos veces).

Era reticente a preguntarle si consideraba que el accidente en su juventud era de alguna manera una «bendición disfrazada»; la pregunta sonaba involuntariamente cursi en mi cabeza después de haber escuchado su historia. Me sentí aliviado cuando dijo que sí.

«Creo en eso. Lo que pasé es como una lección. No malgastes tu vida, la vida es demasiado corta», dijo Mo. «Creo que tienes que pasar por un proceso muy largo para crear algo de ti mismo. Al final del día, mi criatura favorita sería un fénix. Es mejor nacer de tu propia destrucción que retenerla.»

Mo había dado en el clavo, ciertamente desde una perspectiva budista. No podemos cambiar el hecho de que suceden cosas malas tanto a las personas buenas como a las no tan buenas. Si aceptamos o no las doctrinas budistas del karma y la reencarnación es irrelevante. Sin embargo, no importa cómo surja, podemos enfrentarnos a la adversidad de dos maneras: con resistencia o aceptación. Como aconseja el autor Neale Donald Walsch en su libro *Conversaciones con Dios:* «Todo a lo que nos resistimos persiste; lo que evaluamos se desvanece.

Esperar lo inesperado

Para ti, como potencial budista millonario, sin duda llegará un momento en tu viaje en el que las cosas no saldrán como deseas.

Si puedes aceptar esa inevitabilidad desde el primer paso, disminuirá considerablemente el dolor, de la misma manera que realizar un placaje completo en el rugby duele mucho menos que extender la mano tentativamente y esperar lo mejor, lo que casi siempre resulta en dedos doblados hacia atrás y dolor en el hombro.

Además de prepararte para los malos tiempos, también puedes practicar, como dice Mo, «no contener tu propia destrucción». Puedes optar por dejarla ir.

Al utilizar la práctica de la meditación, puedes optar por convertirte en el observador de tus dificultades en lugar de en un participante presa del pánico. Si estás sufriendo adversidades, cuando te sientes para tu sesión de meditación, haz del problema el objeto de tu atención en lugar del barro.

Recuerda el problema: ¿dónde reside? ¿Dónde lo sientes en tu cuerpo? Solo observa. Si fuera un color, ¿cuál sería? Solo observa. ¿Hace frío o calor? Solo observa. Céntrate en el problema, pero mirándolo con curiosidad en lugar de tratar de juzgar.

Si bien aún experimentarás dificultades, con la práctica de la meditación dejarás de añadir más trauma y de prolongarlas por más tiempo del necesario. Te habrás movido de una posición de samsara, con todo su agarre, lucha y resistencia, al nirvana, con sus características de facilidad, aceptación y ausencia de esfuerzo.

En este nuevo estado de calma, incluso ante el dolor, es posible ver el lado positivo y la lección oculta, inherente a cada evento, si prestamos suficiente atención para fijarnos en ella.

LECCIÓN 7:
MONEDAS INVISIBLES

Tradicionalmente, los masajistas japoneses eran ciegos. Se dice que sin el uso de la vista podían sintonizar mejor con la energía de sus pacientes y sentir dónde predominaba la fuente de malestar. El problema para muchos de nosotros es que confiamos demasiado en lo que podemos ver, a diferencia de los masajistas japoneses de antaño.

El método científico de «prueba» es vital para nuestra educación, crecimiento y evolución. Nadie quiere comprometerse con teorías e ideas que, en el mejor de los casos, resultan inútiles y, en el peor, perjudiciales para nuestras vidas. Pero yo diría que todos confiamos demasiado tanto en los hallazgos como en la evidencia de otros, incluidos los científicos. Hemos renunciado a la responsabilidad de descubrir cosas por nosotros mismos, por lo que es muy fácil buscar información en Google y encontrar investigaciones, vídeos tutoriales y lecciones de otros en línea.

Por favor, no me malinterpretes. No estoy sugiriendo que todos deambulemos por la vida entre una niebla ingenua, rechazando la evidencia que no se ajusta a las creencias que podemos tener en un día determinado: en absoluto. Si necesito atención de emergencia, ciertamente, preferiría un médico a un aromaterapeuta. Lo que estoy sugiriendo es que a menudo en la vida hay más de lo que parece, incluidos los ojos de quienes manejan el método científico.

No se puede ver todo lo que tiene valor. También existen lo que yo llamo «monedas invisibles».

¡Pánico por el dinero!

Sunni Jardine, nuestro budista millonario que juega al rugby de la Parte I, me envió un mensaje de texto presa del pánico.

«Papá, creo que me he metido en un lío.» No son las palabras que un padre quiere leer.

Sunni había llegado a las puertas de entrada de la estación de Birmingham, para tomar el tren de las 10.19 a.m. a Coventry, solo para descubrir que no había suficiente dinero en su tarjeta para pagar el pasaje. Ahora que llegaba tarde al entrenamiento de rugby, consultó con su banco: era cierto. No tenía dinero (en realidad tenía 54 peniques).

A todos los efectos, Sunni era, en ese momento, pobre en efectivo. Sin embargo, todavía califica como un budista millonario, aunque sea un novato.

Cuando dé el salto y decida finalmente buscar el trabajo de sus sueños, ya sea un puesto codiciado, un puesto de trabajo o comenzar su propio negocio, como sería de esperar, tendrá preocupaciones de dinero. De hecho, es probable que sea en parte el miedo a la falta de dinero lo que lo ha mantenido atrapado en un entorno laboral menos que ideal. Esto es natural, normal y algo que todo budista millonario debe superar.

Es probable que tengas personas a cargo, así como obligaciones financieras urgentes: eso puede ser un problema para muchos que comienzan en un nuevo camino.

Como nos dijo el capitán de baloncesto olímpico de Gran Bretaña, Drew Sullivan: «Muchas personas en una relación tienden a preocuparse de cuidar de su pareja o de sus hijos, pero eso también puede generar resentimiento si no persigues tus sueños».

«Tu primera responsabilidad con la felicidad es contigo mismo». Obviamente, es más fácil hacer la transición si tanto tú como tus dependientes confían en que tu paso audaz hacia el trabajo de tus sueños funcionará bien. Idealmente, podrías mostrarles evidencia de que todo se moverá en la dirección correcta. Y yo diría que puedes, es solo que ellos deberán usar unas gafas diferentes para verlo.

¿Un millón de libras ahora, o mil libras a la semana durante el resto de tu vida?

No podría estar más feliz de que Sunni haya decidido perseguir una vida con la que la mayoría ni siquiera se atreve a soñar o imagina que podría alcanzar: la de un deportista profesional. Estoy igualmente encantado de que se haya quedado sin dinero.

Es fácil, casi inevitable, caer en la trampa de ver el dinero como el indicador principal del éxito. Esto no quiere decir que el dinero no sea esencial para la vida moderna; una premisa clave de este libro es la aceptación de la importancia del dinero. Mantengo mi afirmación de que es posible crear un trabajo que sea a la vez significativo y rentable y no tengo la intención de renegar de esa idea en favor de una premisa más del tipo «está bien estar arruinado pero feliz».

Pero cuando miramos el mundo a través de lentes que nos permiten ver solo el dinero como una medida del éxito, entonces estamos ciegos ante otros logros que, aunque no fiscales, son igualmente importantes. Es un aspecto clave de la epidemia de la modernidad: valorar solo lo que se puede comprar, otro es el deseo de gratificación instantánea.

En 2018, la columnista de *The Guardian* Hannah Jane Parkinson escribió un artículo fascinante titulado «¿Aceptarías un millón de libros ahora, o mil libras a la semana durante el resto de tu vida?»[21]

Escribió sobre la historia de una adolescente canadiense que no solo ganó el premio mayor de la lotería la primera vez que jugó, sino que se enfrentó al dilema descrito en el titular. Terminó retrasando la gratificación y optando por las cuotas en lugar de la suma global (aunque 1.000 libras a la semana no es una suma insignificante).

Las partes más interesantes del artículo fueron algunos datos sobre los ganadores de la lotería y sus vecinos en general. La evidencia no solo muestra que los ganadores de la lotería en

---

21. Hannah Jane Parkinson: «Would you take £1m now, or £1,000 a week for the rest of your life?», *The Guardian*, 2018. https://www.theguardian.com/commentisfree/2018/mar/29/wouldyou-take-1m-now-or-1000-a-week-for-the-rest-of-your-life

Estados Unidos tienen más probabilidades que la persona promedio de declararse en bancarrota en un plazo de tres a cinco años, sino también que sus vecinos con frecuencia también terminan teniendo dificultades financieras.

¿Por qué diablos ocurre eso? Es simple: es probable que tanto los ganadores de la lotería como sus vecinos estén mirando al mundo usando las «gafas del dinero». Las cosas que se pueden comprar con el dinero dan importancia (aunque superficial) a los ganadores de la lotería, mientras que los vecinos, temiendo quedarse atrás, intentan mantenerse al día utilizando líneas de crédito. Esto es lo que sucede cuando se considera que el dinero es la única moneda de éxito. Terminas dándole demasiada importancia y persiguiéndolo mientras te creas problemas.

Cuando, por cualquier motivo, tu cuenta bancaria toca fondo, te ves obligado a buscar valor en otra parte. Y aquí es donde encontrarás monedas invisibles.

Londres – Birmingham – Coventry

Si vas a seguir una carrera en el deporte profesional, si puedes tolerar los golpes, moretones, conmociones cerebrales, horarios de ejercicio agotadores y cantidades exageradas de entrenamiento de fuerza y acondicionamiento implicados, ¡te sugeriría el rugby!

El rugby ha sido descrito como «un juego de rufianes jugado por caballeros», mientras que se dice que el fútbol es «un juego de caballeros jugado por rufianes». No tengo una opinión formada, pero lo que me gusta de los clubes de rugby profesionales es que sus jugadores son duros como las uñas y están bien educados para patear.

Los clubes de rugby alientan a sus jugadores jóvenes no solo a hacer todo lo posible para dominar las habilidades profesionales del deporte, sino también a terminar su educación al mismo tiempo. Con esto en mente, ofrecen a jóvenes como Sunni un lugar en un «programa académico».

En pocas palabras, el programa de la academia permite a los jóvenes aspirantes a jugadores de rugby jugar de manera profesional mientras cursan simultáneamente títulos universitarios. Los jugadores entrenan con los mejores deportistas pero compiten en los equipos A, B y C, algo menos exigentes, lo que les permite gestionar, prácticamente, las exigencias del deporte profesional y la formación universitaria.

Es un sistema exclusivo del rugby, hasta donde yo sé. Otros deportes, como el fútbol, favorecen un enfoque de «todo o nada» en el que los jugadores jóvenes sacrifican todo para sumergirse de lleno en el entrenamiento profesional con la esperanza de que algún día sean seleccionados para un equipo de primer nivel. Pocos lo logran. Muchos se quedan sin ceremonias en el camino, con sus sueños de la vida como una superestrella del fútbol abandonados y sin más educación a la que recurrir.

Este contraste en el estilo de desarrollo deportivo es indicativo del pensamiento a corto plazo del fútbol. El rugby valora la «moneda invisible» de la educación, prefiriendo nutrir el talento profesional durante un período de años. El fútbol, que busca y vende a sus jóvenes jugadores el sueño del estrellato, ofrece una apuesta de alto riesgo y alta rentabilidad en la que algunos ganarán y muchos no.

Pero no he elegido este ejemplo por eso. ¡Lo he elegido porque fue la maravillosa y admirable estrategia a largo plazo del sistema de academias de rugby lo que hizo que Sunni se quedara sin dinero!

En una semana normal, Sunni vive en tres casas. Vive en el campus de la Universidad de Birmingham cuatro días a la semana, en Coventry en un alojamiento compartido con otros jóvenes jugadores de la academia de rugby durante dos días a la semana y, si tiene energía, regresa a nuestra casa en Londres una noche a la semana. Era el costo subestimado de la tríada de viajes en tren lo que había dejado a Sunni casi sin un céntimo.

Claramente, el «Banco de Papá» iba a ayudarle, pero también me complació que me brindara la oportunidad de darle algunos consejos financieros muy atrasados y también de arrojar luz sobre la idea de las monedas invisibles.

Es vital aceptar la lección de este capítulo si debes superar un saldo bancario vacío o en números rojos. Muchas personas pueden decidir dejar un trabajo que, aunque posiblemente ya no les resulte inspirador, al menos les brinde un nivel de vida al que se han acostumbrado. Si el valor de salir de la zona de confort de su carrera no iguala o excede el valor de quedarse, entonces será muy difícil encontrar la motivación para continuar a través de las dificultades.

Entonces, ¿qué son exactamente las monedas invisibles? Son cosas que tienen valor pero que actualmente no se pueden cambiar por euros y céntimos (o cualquier otra moneda fiscal para el caso).

Continuemos con el ejemplo de la situación de Sunni. Sobre el papel, su cuenta bancaria muestra el mismo grado de salud que la de uno de sus amigos, a quien llamaremos Geoff. Geoff es un buen chico, pero aún no ha encontrado su marca en la vida. Desde que dejó la universidad (que no completó), ha vivido en el sofá de sus padres jugando a videojuegos, y esto no es una exageración. En lo que respecta al dinero, Sunni y Geoff están en el mismo barco, a pesar de los esfuerzos que Sunni está haciendo para conseguirse un título y una floreciente carrera en el rugby. Es un hecho que molesta inmensamente a Sunni.

Desde mi perspectiva de padre, si Geoff me hubiera pedido que lo ayudara a salir de su situación de «falta de dinero», le habría ofrecido poco más que un montón de formularios de solicitud para entrevistas de trabajo. Cuando Sunni necesitó ayuda, debido a la evidencia de sus monedas invisibles, sentí que era apropiado ayudarlo financieramente. Pero eso no tiene que ver conmigo y con mis opciones de crianza...

Identifiquemos algunas de las monedas invisibles en la vida de Sunni:

- Desarrollo de habilidades del rugby.
- Desarrollo de la fuerza, la forma física y la coordinación.
- Habilidades de gestión del tiempo desarrolladas al tener que estar en diferentes lugares en diferentes momentos.
- Disciplina, autocontrol y templanza (dejar de lado el comportamiento normal de un joven de 19 años en favor del entrenamiento y el estudio).
- Comunicación escrita y otras habilidades académicas desarrolladas al estudiar para obtener un título.

Echemos un vistazo a otro ejemplo (para no exagerar las historias de «padre orgulloso») en el que también se pueden encontrar monedas invisibles.

El círculo vicioso de la inexperiencia

Dejar la escuela o la universidad para entrar en el mundo laboral, o incluso hacer la transición de un sector laboral, en el que tienes experiencia, a otro donde no la tienes, puede enseñarte mucho sobre las monedas invisibles.

Al comenzar una nueva empresa comercial o al solicitar ese primer trabajo como novato, el proverbial «cinturón blanco» se encuentra en la parte inferior de la escala profesional. Con tu experiencia laboral y tus habilidades actuales, a menudo no te das cuenta de tu valor financiero muy por encima de un salario básico, si es que puedes asegurarte un puesto. A menudo me he preguntado por ese círculo vicioso cruel en el que un joven solicitante de empleo es rechazado para un puesto debido a la falta de experiencia. ¿Dónde, sin ese primer trabajo, comenzará a adquirir tal experiencia?

Según los resultados más recientes de un informe del *Almanaque* de la Sociedad Civil del Reino Unido,[22] se estima que 11,9 millones de personas realizan trabajo voluntario al menos una vez al mes en el Reino Unido. El voluntariado es una de las formas más fáciles y obvias de desarrollar una multitud de mo-

---

22. «How Many People Volunteer and What Do They Do?», *UK Civil Society Almenac*, 2019. https://data.ncvo.org.uk/volunteering

nedas invisibles. El informe continúa enumerando los siguientes como algunos de «los beneficios del voluntariado estudiantil»:

- Retribuir y ayudar a los demás.
- Desarrollar habilidades y experiencia laboral.
- Construir una comunidad.
- Conocer gente nueva.

Todos estos son ejemplos de monedas invisibles obtenidas del maravilloso trabajo del voluntariado. No se pueden canjear directamente por dinero en este momento. Sin embargo, sin duda contribuirán a la acumulación de grandes recompensas en el futuro, incluida la recompensa financiera. Sin embargo, muchas personas no comprenden el valor de este trabajo no remunerado con su gratificación tardía.

Lo quiero todo y lo quiero ahora

Yo diría que la mayoría de las cosas grandiosas de la vida tienen un valor que no se puede cambiar fácilmente por dinero: un hermoso amanecer, el canto de la alondra, decirle un cumplido a alguien, sujetar la puerta abierta para alguien, dejar pasar a un automóvil por delante del tuyo.

Cuando era un niño de los años 70, recuerdo tener que esperar hasta el final de la semana antes de que mi hermano y yo, con 50 centavos agarrados firmemente en la mano, camináramos emocionados a las tiendas locales para comprar una bolsa de papel con dulces que costaba un centavo. El verdadero valor era la moneda invisible de la paciencia fomentada a través de una espera de una semana.

No voy a sacar ese viejo cliché de que «las cosas eran diferentes en mi época» (¡lo eran!), pero es innegable que hoy vivimos en una época de gratificación instantánea muy diferente a la de antaño. Ya no tenemos que perder tiempo investigando las respuestas de las tareas en la *Enciclopedia Británica*. Ahora no pasamos semanas ahorrando para algo cuando el supermercado local nos da un «tercero gratis» cuando compramos dos por casi nada en primer lugar. Tampoco esperamos con nerviosismo durante semanas para que nos revelen las fotografías navideñas, que puede ser lo que esperábamos, pero igualmente resultan ser un montón de imágenes desenfocadas en tonos sepia, o peor aún, las fotos de la luna de miel de otra persona: ¡tenemos nuestras propias *selfies* a mano, instantáneamente, en nuestros teléfonos! Si bien la vida moderna ciertamente ha mejorado de muchas maneras, parece que hemos perdido, o al menos ha disminuido, nuestro respeto por cosas como las monedas invisibles. Será nuestra nueva apreciación de ellas lo que nos ayudará a superar las etapas tempranas y, a veces, difíciles desde el punto de vista fiscal, del budista millonario. Sugiero que es hora de empezar a buscar el valor en lo que aparentemente no lo tiene.

Pequeñas victorias

Como he mencionado en el capítulo anterior, es importante reconocer los rayos de luz entre las nubes de tormenta. El orador motivacional y autor Wayne Dyer lo resume bastante bien cuando dice: «Para ver el cambio, cambia la forma en que miras».

Encontrar un valor que no sea obvio, o que sea de una moneda diferente a la que te resulta familiar, requiere esfuerzo y práctica. Para que empieces, te voy a enseñar el ejercicio de las «pequeñas victorias», uno de mis favoritos que me explicó un amigo maestro de escuela. Para desarrollar la confianza y el sentimiento de autoestima de sus alumnos, los anima a reconocer sus pequeñas ganancias con el uso de un frasco de canicas.

Cada niño tiene un frasco de canicas en su pupitre. Cuando han hecho algo notable (completado una tarea a tiempo, hecho un gran esfuerzo en un trabajo, mostrar bondad a otro alumno, etc.),[23] mi amigo realiza «la ceremonia de la canica».

Con pompa y boato, le pide al niño que pase al frente de la clase con su frasco para recibir una canica como premio. El niño desenrosca la tapa del frasco y deja caer dentro la canica con un tintineo y, tras recibir un aplauso, vuelve feliz a su silla. Después de varias semanas, una vez que el frasco de mármol de un alumno está lleno de canicas, recibe un pequeño premio.

La ceremonia pública, el aplauso de apoyo, el tintineo satisfactorio de la canica y la tentación visual de un frasco que se llena, son todas experiencias positivas en la mente del niño. El niño reconoce rápidamente que el esfuerzo conduce a más ca-

---

23. Ten en cuenta que busca recompensar los esfuerzos en lugar de los resultados en línea con la filosofía de la mentalidad de crecimiento, tal como la enseñó la Dra. Carol Dweck en su libro *Mindset, la actitud del éxito*.

nicas (pequeñas ganancias) y de esta manera comienza a apreciar que las monedas invisibles (amabilidad, esfuerzo, cortesía, etc.) al final se convierten en un premio tangible.

Es un ejercicio maravillosamente simple que logra resultados con los niños y que también puede beneficiarnos a todos en el Camino del Budista Millonario.

Permíteme poner un ejemplo más de mis días como entrenador de tenis. La mayoría de los tenistas recreativos que reservan una lección individual con un profesional del tenis quieren mejorar su servicio.

El saque en tenis comienza el juego. Es la habilidad superestrella del tenis, ya que es lo que más admiran los espectadores cuando ven jugar a los profesionales. Es el equivalente en el tenis del nocaut de un solo golpe en el boxeo o un hoyo en uno en el golf. El problema es que es la habilidad más compleja y difícil de dominar.

El servicio no solo requiere la coordinación de muchos movimientos complejos, sino que también se debe lanzar la pelota a la zona objetivo más pequeña de la cancha de tenis: el área de servicio. No hace falta decir que un servidor novato experimenta muchos fallos antes de tener éxito.

Muy a menudo, un profesional del tenis construye su reputación (y llena sus diarios de enseñanza) sobre la base de su capacidad para ayudar a los jugadores a mejorar su servicio: «Vaya con Matt, realmente me ayudó con mi primer servicio»; «Hombre, ¿viste lo que Dave hizo por mi segundo servicio con efecto? El tipo es un genio». Me fascinó el desafío de enseñar el servicio y me comprometí con la garantía de que podría mejorar sustancialmente el servicio de cualquier jugador recreativo en solo media hora. No hace falta decir que muchos vinieron para ver si era cierto. Y lo era.

Pero no hice nada especial. No tenía conocimientos supertécnicos sobre la biomecánica de la acción del servicio. No investigué la carga óptima de las piernas en relación con el empuje hacia arriba. No calculé el mejor ángulo de impacto o la velocidad ideal de aceleración y desaceleración de la superficie de la raqueta a través de la pelota. No hice nada de esto (de hecho, mis colegas hacían esas cosas mucho mejor que yo). No, todo lo que hice fue pedirles a mis alumnos que cambiaran las gafas a través de las cuales veían el éxito. Les pedí que buscaran, en cambio, monedas invisibles.

Como mencioné, uno de los mayores desafíos en el servicio es que el área en la que debe caer la pelota para ser considerada un «éxito» es significativamente más pequeña que para todos los demás tiros. En un servicio, si no cae dentro de la caja de servicio, está «fuera» y ha «fallado».

Un servidor novato, o incluso un servidor intermedio, mientras desarrolla su técnica, es más probable que lance «fuera» que «dentro» y esto puede ser extremadamente desmotivador. El fracaso repetido es suficiente para aplastar el espíritu de cualquiera. Pero, un servicio que sale «fuera», ¿es realmente un fracaso?

Bueno, sí y no, depende de cómo se mire. Si la única medida de éxito es «dentro» o «fuera», entonces sí, es un «fracaso». Pero si observas que, aunque todavía no estás lanzando el saque al área, estás dándole a la pelota todas las veces (que no lo hacías antes), verás que estás mejorando. Desde ese punto de vista, el corazón se eleva un poco, los hombros se relajan y se fomenta un mayor progreso a través de un enfoque de aprendizaje más agradable.

Es lo mismo cuando construimos un trabajo rentable y significativo. Si tu única medida de éxito es el dinero (el servicio en la caja), lamento decirte que, antes de «tener éxito», «fallarás» mucho más. Sin embargo, si empiezas a buscar otros marcadores de progreso, las pequeñas ganancias y las monedas invisibles, siempre ganarás.

Una vez más, te insto a que no me malinterpretes. De ninguna manera estoy sugiriendo que endulces los desafíos que encontrarás en el Camino del Budista Millonario. No estoy perdonando que finjas, con la cabeza metida en el agujero, que los desafíos no existen, o que está bien no estar donde quieres estar. Tienes una meta que alcanzar y necesitas alcanzarla, pero no tiene sentido salirte del camino, desmotivado, porque no te diste cuenta de las muchas ganancias (aunque sutiles) que has logrado hasta ahora.

Hablé con Selina Lamy sobre esto, nuestra Citibanker convertida en *coach* de vida de capítulos anteriores, y esto es lo que dijo: «Estoy totalmente de acuerdo, debes buscar otros marcadores de éxito además del dinero (aunque este es importante). Hay muchos otros valores en hacer un trabajo que amo, y cómo todos se benefician de eso. Estoy mucho más feliz y además me hace sentir realizada, pero también estoy mucho más presente para los chicos porque no llego a casa con las cargas de un trabajo que me agota. No podría haber predicho las ganancias no financieras de este cambio de dirección, pero son enormes y significativas».

Fijarse en las monedas invisibles

Prueba hacer este ejercicio:

- En el extremo derecho de una hoja de papel, escribe una meta de dinero relacionada con el trabajo. Por ejemplo, podrías poner: «Ganar 5.000 € al mes vendiendo mis obras de arte».

- Ahora, en el lado opuesto del papel, escribe dónde te encuentras, desde el punto de vista del dinero, en este momento: «Actualmente no gano nada y tengo una deuda de 2.500 € después de financiar materiales de arte con mi tarjeta de crédito».

- Ahora tienes ambos extremos de tu «espectro monetario». Has declarado sinceramente dónde estás (sin negarlo) en un extremo y dónde pretendes estar (sin debilitar tus metas o estándares) en el otro.

- Dibuja una línea que conecte los dos extremos.

- Luego, en el medio, describe todas las monedas invisibles que ha ganado hasta ahora, como: «Más tiempo libre», «Menos estrés», etc.

Pega esta tabla en la pared o en el refrigerador y añade una entrada cada vez que obtengas una nueva moneda invisible. Además, de vez en cuando, cuando tu situación monetaria cambie, añádelo también. De esta manera adquirirás el hábito de reconocer y honrar las monedas invisibles, al tiempo que te darás cuenta de que, de hecho, ¡conducen al dinero!

Como puedes ver, es solo una versión más adulta del ejercicio del frasco de canicas utilizado para inspirar a los niños. Siéntete libre de utilizarlo en su lugar. Yo lo hago.

LECCIÓN 8:
AMOR, GRATITUD Y
CORAZÓN (*SUTRA*)

Japón es famoso por su *sakura*, es decir, sus flores de cerezo.

Los japoneses veneran esa floración sutilmente teñida de rosa, y todos los años celebran su aparición en los festivales llamados *hanami*, literalmente, «ver flores». A medida que el clima primaveral aumenta la temperatura y los cerezos explotan en una masa de algodón de azúcar, amigos, familias y seres queridos se reúnen debajo de ellos para comer, beber (a menudo mucho *sake*), reír, ponerse al día y deleitarse con la belleza y la emoción de la fugacidad de la *sakura*.

Los budistas han sostenido durante mucho tiempo que la *sakura* es un símbolo de la impermanencia y de la naturaleza efímera de la vida (*mujō*), ya que las flores generalmente no duran más de dos días antes de que caigan de sus ramas y se acumulen debajo en una creciente pira funeraria de color rosa y blanco.

Mientras estaba en Japón, escribí sobre la sakura en mi diario:

Flor rosa caída,
tumbada bajo la lluvia
todavía preciosa
en su agonía.

Casi no escribo estos versos. Casi no me fijé en los cerezos que habían florecido inusualmente temprano en los terrenos de uno de los templos de la Peregrinación de los 88 Templos. Y perder esa vista habría sido tanto un gran error como una fuente de constante pesar.

Gigantes corporativos: ¿bestias sin corazón?

Si cortas a Matt Hastings por la mitad, probablemente encontrarás que está hecho de zumo de budista millonario (si existiera tal cosa).

Matt me fue recomendado como candidato a budista millonario ya que era «diferente, realmente diferente; él es justo lo que estás buscando». Aunque no sabía qué esperar, no me decepcionó.

Me esperé en el aparcamiento de un parque de Cornualles, y Matt se detuvo a mi lado en su Land Rover verde clásico. Con un alegre saludo, me hizo señas para que entrara en su coche y nos dirigimos a un café junto a la playa para charlar. Me cayó bien de inmediato.

Matt es alguien a quien he llegado a considerar un «inconformista corporativo», en parte debido a una sección de su biografía de LinkedIn que dice: «Él estableció su primera empresa a los 17 años (A New Generation) y ha revolucionado el negocio tradicional desde entonces». En consecuencia, es el candidato perfecto para dilucidar esta octava lección.

Aunque tiene un título universitario (con honores de primera clase[24] en Tecnologías de Energía Renovable y Gestión de Recursos Ambientales de la Universidad de Plymouth), Matt se enorgullece del hecho de que la mayor parte de su conocimiento y experiencia la ha ganado con esfuerzo en otros bien conocidos estudios educativos: la Universidad de la Vida. Armado con un espíritu vibrante (tiene las palabras «Domina tu espíritu» tatuadas en su espalda, aunque confiesa riendo que están del revés, ya que se las tatuó durante unas vacaciones menos que sobrias en Biarritz cuando tenía 19 años). Matt me dice que está «obsesionado con intentar hacer las cosas de manera un poco diferente».

«Creo que, desde una perspectiva espiritual, siempre me ha fascinado buscar la sinceridad en uno mismo», explica. «Creo que la única manera que tengo de crecer como persona es revisando [regularmente] dónde está mi cabeza.»

En 2001, tras la tragedia de las Torres Gemelas del 11 de septiembre, gran parte de la economía mundial entró en crisis y también lo hizo el negocio de medios de Matt, Havoc Marketing.

«El mundo acababa de morir», me dijo durante el almuerzo. Todo el dinero para los medios y la publicidad desapareció. «Mirando hacia atrás, llegó en un momento particular de mi

---

24. Es el título más alto que se puede obtener en el sistema de títulos con honores del Reino Unido para estudiantes universitarios. *(N. del T.)*

vida en el que pensé: "No estoy disfrutando de Londres, no estoy disfrutando de mi trabajo. El dinero no lo es todo. Algo tiene que cambiar".» Entonces, dejó el Reino Unido y se dirigió a Nueva Zelanda, inspirado por imágenes de la impresionante belleza natural del país.

«Viví en Nueva Zelanda durante dos años. Aprendí a surfear, hacer snowboard, pescar con mosca, el deporte más espiritual de todos, y conocí a mi esposa a las cuatro semanas de estar allí», agrega con una sonrisa.

Matt y su nueva esposa regresaron al Reino Unido. Aunque era originaria de Escocia, su esposa no quería regresar allí, y él, ya agotado por el ajetreo y el bullicio de la vida en la ciudad, no quería regresar a Londres, por lo que terminaron en Plymouth.

«Aterricé en las energías renovables en 2005. Pensé: "Ese es el lugar donde obtienes, con suerte, dinero decente y te sientes bien con lo que estás haciendo"», explicó.

Un planeta más limpio y verde

Que las energías renovables sean potencialmente un gran negocio ya no es noticia, y donde hay grandes negocios, hay gigantes corporativos. Uno de esos gigantes es Centrica Plc.

Centrica es una empresa multinacional británica de servicios y energía. Su principal actividad es el suministro de gas y electricidad a empresas y consumidores domésticos en el Reino Unido, Irlanda y Norteamérica. Con un ingreso operativo de casi 1.700 millones de euros en 2018, canta con creces la melodía característica del gigante «Fi-fa-fai-fo-fum». Muy a menudo, estos gigantescos comerciantes con la cabeza en las nubes de ganancias y pérdidas no logran ver lo que hay debajo de ellos: ni la hermosa flor de cerezo de la *sakura* ni la ética de trabajo «espiritualmente guiada» de los inconformistas corporativos como Matt Hastings.

Matt admite que su mente y su visión empresarial tienden a operar un par de años antes que la «curva regular». Cuando se incorporó a Centrica en abril de 2014, con el único objetivo de convencer a la empresa de que persiguiera una visión para los mercados energéticos locales, las probabilidades estaban en su contra. Una de las críticas dirigidas a las grandes corporaciones es que su obsesión por las ganancias a menudo las ciega ante estrategias e ideas visionarias. Pero en 2016, Matt obtuvo, sin que hubiera precedentes, 22 millones de euros de Centrica para financiar una prueba de su visión: el primer mercado energético local del Reino Unido en Cornualles.

«Creo que se está produciendo un cambio fundamental, más en algunas industrias que en otras», dijo Matt. «Ciertamente no hemos llegado [completamente] ahí, pero estamos en los primeros pasos de ese viaje en el que creo que las empresas están ganando un sentido del alma, están comenzando a tener un músculo del alma. Tanto si se trata de empresas de banca, de energía, de seguros o de lo que sea, están empezando a darse cuenta de que, en realidad, a menos que defiendan algo, ¿cuál es el objetivo? Si quieren un negocio en el futuro, deben hacer lo mejor para la gente, no solo lo mejor para sus accionistas».

El significado de la vida

El significado «más profundo» de la vida siempre vibra silenciosamente en el fondo si te importa escuchar. A veces, sin embargo, necesitas que alguien o algo te recuerde que está ahí. En el caso de Centrica, fue Matt Hastings, y para en mi caso, mientras hacía la Peregrinación de los 88 Templos, fue Hajime San (Mr. Beginnings, a quien conociste anteriormente en el libro). Habría marchado directamente más allá de la maravilla transitoria de la *sakura* de la floración temprana si no hubiera sido por las palabras de Hajime que aún resonaban en mis oídos por el tiempo que pasamos juntos: «No olvides el corazón de la peregrinación, Matto San; no olvides el *sutra* del corazón.

El *Hannya Shingyō* —*sutra* del corazón— es una enseñanza central en el budismo y esencial para la Peregrinación de los 88 Templos. En este caso, «corazón» significa «núcleo de» en lugar de «bondad», pero se dice que sus lecciones desarrollan cualidades de «buen corazón», no obstante.

La oración aforística del *sutra* del corazón se canta tres veces en cada uno de los 88 templos. El propósito de su recitación es despertar sabiduría, compasión y bondad. No puedo decir con certeza que cantar sobre la sabiduría y la compasión conduzca al desarrollo de la sabiduría y la compasión, pero puedo decir que, a medida que avanzaba la peregrinación y se acumulaban los cánticos, algo en mí se volvió un poco más liviano y amigable.

Cada uno de nosotros (tú, yo, Matt Hastings, los gigantes corporativos, todos) sospechamos que hay algo más en la vida de lo que se expresa actualmente, pero es fácil desviarnos de nuestros ideales. Este también puede ser tu caso mientras persigues tu objetivo de convertirte en un budista millonario. La lección de este capítulo tiene como objetivo recordarte que de vez en cuando debes elevar la vista de tu objetivo para no perderte la floración.

Prueba este ejercicio para divertirte: la próxima vez que estés en la calle principal de tu localidad, ya sea comprando, haciendo recados o almorzando, ¡DETENTE! y mira hacia los pisos superiores y los tejados de los edificios por los que has pasado cientos de veces. Tómate un momento para ver lo que te habrías perdido si hubieras continuado a ciegas. Cuando hago esto, siempre me sorprende lo que no me había dado cuenta que estaba justo delante de mis ojos, solo haciendo una atenta inclinación de cabeza.

Continuando, déjame hacerte esta pregunta: ¿la motivación subyacente de la vida es buena, mala o indiferente? O para preguntarlo de otra manera: ¿la vida prefiere crear, destruir o no hacer nada? Te diré por qué te lo pregunto: porque la respuesta es la base de todo lo que hacemos en nuestra vida personal, profesional y social.

Es complicado, ¿no?, teniendo en cuenta que a lo largo de la historia las personas han tenido éxito en las tres motivaciones. ¿Quién tiene razón? Si la motivación de la vida es la bondad, ¿cómo pueden las personas, como lo hacen, volverse tan competentes en cosas malas? Si, como sugieren otros, a la vida no le importamos de ninguna manera, ¿por qué deberíamos preocuparnos por mejorarnos a nosotros mismos? ¿Es incluso posible? Esta pregunta ha estado en mi mente, casi atormentándome, desde mi adolescencia. Si bien este libro no aspira a responder la gran pregunta del «significado de la vida», tengo algunas ideas que pueden ser relevantes para ti.

En última instancia, a pesar de las cosas malas que suceden (relee el apartado sobre el karma para lidiar con este enigmático acertijo), la vida es buena. Además, sugeriría que la vida es amorosa, ¡y realmente quiere que a todos nos vaya bien!

Si la motivación de la vida no fuera buena, amorosa y creativa, entonces, simplemente, ninguno de nosotros estaría aquí. Si la vida fuera destructora, o al menos del tipo apático adolescente «no alborotador», no habría manejado la varita creativa para impulsarnos a ser. Esa primera ameba, hace mucho tiempo, no habría nacido.

El hecho de que haya escrito este libro y de que te estés esforzando por leerlo (muchas gracias) es testimonio del hecho de que la vida, en realidad, es de los buenos y quiere que nos vaya bien (o para que al menos sigamos difundiendo nuestros genes). Es bueno saber que tenemos el arma grande de nuestro lado y que tiene un par de dones más que podrían acelerar nuestro progreso en el Camino del Budista Millonario.

Amor y gratitud

Se ha escrito tanto sobre el amor y la gratitud (a menudo de una manera que me incomoda un poco) que dudé en centrarme en ellos aquí. Pero estas dos emociones son fundamentales para asegurar un trabajo rentable y significativo, y parece correcto incluirlas en esta etapa del viaje. Lo que intentaré, sin embargo, es evitar los clichés y los consejos edulcorados.

Al principio, hablamos de que en un momento dado todos viajamos hacia un destino de manera positiva o nos alejamos de uno de manera negativa. Si bien el destino final puede ser el mismo, las motivaciones para viajar son mundos aparte.

En su libro *Dejar ir*, el Dr. David R. Hawkins describe una escala de sentimientos y emociones que van desde lo negativo hasta lo positivo: vergüenza, culpa, apatía, dolor, miedo, deseo, ira, orgullo, coraje, neutralidad, disposición, aceptación, razón, amor, alegría (y gratitud) y paz.

No será ninguna sorpresa ver el amor y la gratitud tan lejos en la escala más ligera de las emociones. Todos tenemos experiencia de lo bien que sienta ayudar a alguien en un momento de necesidad. Y cuando nos sentimos bien y operamos desde un lugar de emoción de «estado más ligero», la vida parece transcurrir con más tranquilidad. No necesitamos ponernos metafísicos sobre cómo y por qué funciona eso, solo tenemos que mirar nuestras propias vidas para saber que es así.

Tengo un amigo que se enorgullece de su escepticismo, ateísmo y resistencia general a cualquier «engaño» y «payasada» que pueda brotar de la boca de quienes ensalzan las virtudes del amor y la gratitud. Sin embargo, ni siquiera él puede negar que su vida tiende a transcurrir mejor cuando está de mejor humor. Explica la fortuna y la buena suerte que a menudo siguen a quienes tienen una actitud positiva como «sesgo de confirmación», es decir, un producto de procesos neurológicos y bioquímicos simples realizados por el cerebro para respaldar información o creencias que confirman nuestras creencias o sesgos previamente existentes. Independientemente de cómo se explique, en términos metafísicos, poéticos, religiosos o científicos, la verdad sigue siendo que los sentimientos y las emociones positivas son más útiles para nuestra causa que las negativas.

Contar tus estrellas de la suerte

Se necesita esfuerzo y práctica para que el hábito de la gratitud forme parte del mosaico de tu vida. Suena ridículo sugerir que es necesario desarrollar la gratitud, pero, como todos los hábitos, es así.

El modo predeterminado de la sociedad moderna es culpar, encontrar fallos y resaltar las debilidades de cualquier situación dada. Piensa en los noticiarios de la televisión. La mayoría de ellos tienen un trasfondo negativo, con una historia simbólica de bienestar que queda para un espacio de 90 segundos al final para aligerar el día. No estoy sugiriendo ni por un momento que Pollyanna[25] debería ocuparse de todos los boletines de noticias a partir de ahora y solo informar sobre las cosas buenas de la vida, sino que el equilibrio, actualmente, está sesgado hacia la negatividad. Sabiendo esto, depende de nosotros desarrollar la capacidad de la gratitud.

En tu transición de donde estás ahora a donde quieres estar, habrá momentos desafiantes: son los momentos perfectos para desarrollar la gratitud, aliviar tus sentimientos y devolver un poco de equilibrio emocional a tu vida.

---

25. El principio de Pollyanna define a esas personas con una capacidad innata para centrarse solo en los aspectos positivos de la vida.

Prueba este sencillo ejercicio para que te sientas más agradecido: al despertar por la mañana, antes de levantarte de la cama, quédate quieto unos momentos. Piensa en una cosa por la que estés agradecido. Recuerda nuestra lección anterior sobre cómo trabajar de manera inteligente; no tienes que estar agradecido por todo lo que hay en tu vida, simplemente elige algo. Por ejemplo, esta mañana me he despertado y me he dado cuenta de que, durante las últimas siete noches, no me había despertado y necesitado de inmediato mi inhalador para el asma. Genial, gracias. Busca ese tipo de cosas: normales, reales y cotidianas. Termina el ejercicio, aunque tengas que forzarlo, con una gran sonrisa. Existe evidencia significativa que sugiere que una sonrisa «mecánica» hecha en ausencia de felicidad rápidamente alienta la felicidad a seguir, como si el cerebro fuera «engañado» para manejar la discrepancia. Inténtalo. Funciona.

Una vez que hayas comenzado a desarrollar el músculo de la gratitud, no solo estarás mejor equipado para encontrar más rayos de luz entre las nubes de tormenta, sino también para fijarte en los maravillosos y sutiles dones que la vida te otorga sin cesar, en caso de que te interese fijarte en ellos.

Esto ayudará a tu transición hacia un trabajo rentable y significativo de varias maneras.

Paciencia

Al perseguir cualquier objetivo, siempre existe la cuestión de la paciencia con la que lidiar.

Digamos que estás leyendo este libro y estás inspirado para avanzar hacia la carrera de tus sueños y alejarte del trabajo que simplemente estás soportando solo para pagar las facturas.

Entusiasmado y listo para avanzar, has trabajado en los capítulos anteriores y has decidido qué es lo que realmente te gustaría ser. ¿Quizá una estrella de rock? Estupendo. ¿Un CEO? Perfecto. ¿Un padre que se queda en casa con un negocio familiar? Precioso.

Tu viaje comenzó con tu decisión, la parte más importante, pero todavía hay un camino por recorrer del punto A al punto B. Por el momento, todavía tienes que sobrevivir a un trabajo que podría llegar a desagradarte intensamente, sobre todo porque ahora tienes un lugar en el que preferirías estar. Aquí es cuando la gratitud es una herramienta útil.

Al dejar una relación, y el trabajo es solo un tipo de relación, puedes hacerlo con amabilidad o sin ella. En la escala emocional del Dr. Hawkins, estas dos maneras de actuar están a kilómetros de distancia.

Desafortunadamente, puedo hablar de ambas por experiencia directa. En mis días de juventud y testarudez, cuando había decidido seguir adelante, manejé la transición con beligerancia, impaciencia y, a menudo, de manera pueril. No estoy orgulloso de eso y en mi inmadurez me pregunto si entonces, de alguna manera, necesitaba mentalmente desagradar y alejar mi vida anterior para seguir adelante y recrearme: quemando puentes viejos metafóricamente, en caso de que perdiera los nervios y tratara de regresar. Fue una táctica que, aunque desagradable, funcionó hasta que, con la edad, me di cuenta de que no tenía por qué ser así.

Con la experiencia, cuando los anhelos familiares de cambio comenzaron a hacerme saber que era hora de evolucionar, me acerqué al cambio mirando hacia atrás en lugar de hacia adelante. Empecé a reflexionar sobre todos los maravillosos momentos y experiencias que me había brindado mi entorno laboral actual. Hice una lista de todo lo que había aprendido, las maneras en que había crecido y cómo estar donde estaba ahora me había preparado para llegar a donde quería estar. De esta manera, sentí una alegría continua en lugar de una separación impaciente y enojada. Con esta nueva actitud, con sinceridad, amabilidad y, por supuesto, gratitud, pude acercarme a quienes necesitaban conocer mis planes para seguir adelante con tacto y respeto. En varias ocasiones, aquello que había dejado atrás incluso me ayudó a avanzar en la dirección de mis nuevas metas. Fue un gran cambio de actitud para mí, impulsado por la gratitud, y que recomiendo sinceramente.

Metta, el arte de la bondad amorosa

Metta es una palabra sánscrita que se traduce como «bondad amorosa», «buena voluntad», «benevolencia», «amabilidad» y «compasión». Todos sentimientos y emociones bastante edificantes.

El objetivo final del budismo es cultivar la sabiduría para que puedas cultivar la bondad hacia los demás y ayudarlos a liberarse del sufrimiento en todas sus formas: una cuestión bastante difícil, creo que estarás de acuerdo, y un poco fuera del alcance de este libro. Después de todo, ¡solo quiero que hagas un trabajo que te guste y ganes dinero haciéndolo! *Metta*, el arte de la bondad amorosa, te ayudará.

Piensa en cinco personas que conoces que están imbuidas de las cualidades de la felicidad, la bondad y la simpatía. Ahora piensa en cinco que regularmente demuestran emociones opuestas y amargas. ¿Con cuál de estos grupos de personas te encuentras con el deseo natural de pasar más tiempo? Es una obviedad, ¿verdad? Generalmente, nos atrae más la positividad que la negatividad.

Dejando a un lado las cuestiones morales, ser amable también nos ayuda en términos evolutivos. Si es más fácil llevarse bien con una persona, cooperativa, solidaria y servicial, entonces es más probable que sea bienvenida en una tribu para ayudar a asegurar su futuro que alguien que trata de socavarla con sus actitudes y acciones negativas. Al igual que con la gratitud, la bondad y el amor serán de gran ayuda para avanzar hacia el trabajo de tus sueños.

Pero también hay otros beneficios, posiblemente más importantes. Nos acercamos al final de nuestro viaje y solo nos queda esta y una lección más. Y por más ansiosos que estemos por llegar a nuestro destino, es vital que no nos perdamos la importante actividad de sentarnos bajo el metafórico árbol de la *sakura* con nuestros amigos, familiares y seres queridos para unirnos en el acto de «ser».

Prometí que me mantendría alejado de los clichés: mentí. Aquí viene: el pasado se ha ido, el futuro aún no es, todo lo que queda es el presente, ¡y qué regalo es! Dejando de lado las bromas, es fácil pasar por alto el significado de esta vieja y manida máxima. Podría decirse que simplemente «ser» es el mayor objetivo que podríamos alcanzar. Cuando estés con aquellos que son importantes para ti, puedes tener la tentación de mirar el reloj y pensar en lo que deberías marcar en tu lista de «tareas pendientes»; o de mantener una conversación mientras revisas tu *feed* de las redes sociales para ver si se está recibiendo bien tu último anuncio «mejorado»; o para retrasar la cena, solo diez minutos, mientras respondes a ese correo electrónico «crucial». Todos lo hemos hecho. Todos hemos ignorado a las personas en nuestros «ahora» en favor de las cosas en nuestros «mañanas».

Sin embargo, incluso cuando llegues a donde vas, por muy bueno que sea, nunca reemplazará el amor que alguien que te ama de verdad puede ofrecerte. ¿Y por qué es así? Porque, como dice el viejo refrán, el mayor regalo de la vida para todos nosotros es ser amados y amar a cambio.

Recuerdo haber escrito esto en mi diario:

Dios (universo u otro),
¿simplemente se ha cansado de estar solo
y así ha creado a «otro» además de sí mismo?
¿Amar y ser amado a cambio?
Tal vez de eso se trata todo

Mientras realizaba la Peregrinación de los 88 Templos, por maravilloso que fuera poder demostrarme a mí mismo que el tiempo y el dinero nunca deben interponerse en el camino de nuestras metas y ambiciones más altas, esa no fue la mejor lección para llevarme de allí.

Fueron las personas que conocí en el camino las que me ayudaron a continuar a pesar de los momentos oscuros que me golpearon y magullaron física, mental y emocionalmente; las personas que me dieron la oportunidad de desarrollar mi sentido de compasión al ofrecerme la oportunidad de transmitir la bondad que me habían mostrado anteriormente; las personas que me recibieron en sus casas para tomar té, charlar un rato y darme un breve respiro en el camino. Fueron todas esas personas maravillosas las que, a su manera, me mostraron amor y también hicieron que el amor brotara dentro de mí. Mirando hacia atrás, eso fue lo mejor que me llevé.

Por supuesto, con toda esa buena voluntad, gratitud y amor dando vueltas, es posible que descubras que, tras una inspección más exhaustiva, ya te encuentras en tu lugar de trabajo ideal. Quizás ahora, con una nueva actitud mejorada, finalmente estés recibiendo (o atrayendo) el reconocimiento, profesional, social y económico que necesitabas para que ese sea tu «trabajo soñado». Y eso está bien. Y también está bien si no es así.

No importa si este capítulo te ha confirmado que necesitas seguir adelante o, en realidad, no hay ningún otro lugar en el que debas estar. Lo que importa es que nunca pierdas de vista el mayor objetivo que está detrás de todos los objetivos: amar y permitir que otro te ame.

Por supuesto, construye un futuro magnífico; a lo largo de este libro te he dado mucho ánimo para que lo hagas, pero no lo hagas a expensas de aquellos que están contigo, que te aman, aquí y ahora.

Tómate un momento para agradecerles todo lo que aportan a tu vida, tómate otro momento para amarlos y luego, ahora con un ánimo más alegre, persigue tus sueños con entusiasmo.

Por cierto, si quieres probar la teoría de que cantar un mantra puede ponerte de mejor humor, incluso si no tienes ni idea de qué se trata, aquí tienes la versión fonética de la versión japonesa que canté en la peregrinación (y que hasta el día de hoy sigo cantando). De lo contrario, sáltatelo y ya nos veremos en la primera página de nuestro capítulo y lección finales.

Hannya Shingyo (El *sutra* del corazón)

Maka Hannya Haramita Shingyo
Kan ji zai bo za tsu
Gyo jin han ya ha ra mi ta
Ji sho ken go on kai ku
Do i sai ku
Yaku sha ri shi

Shiki fu i ku
Ku fu i shiki
Shiki soku ze ku
Ku soku ze shiki
Ju so gyo shiki

Yaku bu nyo ze
Sha ri shi
Ze sho ho ku so
Fu sho fu metsu
Fu ku fu jo
Fu zo fu gen
Ze ko ku chu

Mu shiki mu ju so gyo shiki
Mu gen ni bi ze shin i
Mu shiki sho ko mi soku ho
Mu gen kai nai shi mu i shiki kai
Mu myo yaku mu myo jin
Nai shi mu ro shi yaku mu ro shi jin
Mu ku shu metsu do mu chi yaku mu toku i

Mu sho toku ko bo dai sa ta e
Han ya ha ra mi ta ko
Shin mu ke ge mu ke ge ko
Mu u ku fu on ri i sai ten do mu so ku gyo ne

Han san ze sho butso e
Han ya ha ra mi ta ko
Toku a noku ta ra san myaku san bo dai
Ko chi han ya ha ra mi ta
Ze dai jin shu ze dai myo shu
Ze mu jo shu ze mu to do shu
No jo i sai ku shin jitsu fu ko
Ko setsu han ya ha ra mi ta shu
Soku setsu shu watsu

Gya tei gya tei
Ha ra gya tei
Hara so gya tei
Bo ji so wa ka
Hannya Shingyo

LECCIÓN 9:
TIENES LO QUE
SE NECESITA

*«Es imposible vivir sin fallar en algo, a menos que vivas
con tanta cautela que bien podrías no haber vivido
en absoluto, en cuyo caso, fallas por defecto.»*

J. K. ROWLING

Mi viaje terminó donde había comenzado. Había completado, a pie y durante 1.400 kilómetros, la Peregrinación de los 88 Templos y regresaba a Ryozenji, el Templo 1, a «cerrar el círculo». Aunque 88 templos constituyen la totalidad de la peregrinación, desde una perspectiva budista, para que se considere completa debes volver sobre tus pasos por todos los templos desde el número 88 hacia abajo, hasta que, una vez más, pases las puertas del primero.

La sensación de haber terminado no se parecía a nada que hubiera experimentado: una maravillosa mezcla de euforia y quietud profunda y pacífica. Escribí esto en mi diario:

Con una victoria física vacía al alcance de la mano
la verdad amanece
la meta no es la victoria
sino el ahora de crearla.

En el zen, el símbolo de un círculo (*ensō*) es significativo, y está representado en la peregrinación por la ruta que se toma alrededor de la circunferencia de la isla de Shikoku. El *ensō* simboliza la iluminación, la fuerza, la elegancia, el universo y, por supuesto, los ciclos infinitos. Es un elemento importante del budismo e igualmente importante para aquellos en están el Camino del Budista Millonario.

El final nunca es el final

Hemos llegado al capítulo final de este libro y a la última lección; casi al final. Pero el final nunca es el final.

Así como las olas se deslizan sobre la orilla y luego se retiran lentamente, y la brisa las acompaña en un vaivén insistente, también tu vida como budista millonario fluirá y refluirá.

La vida, en todas sus expresiones, continuará circulando, llegando a la cima, descendiendo y subiendo de nuevo a través de los arcos del *ensō*. Y aquí radica la lección de este capítulo: que has estado aquí antes y que ciertamente tienes lo que se necesita para alcanzar el éxito nuevamente.

Las siete tramas básicas

En su libro *The Seven Basic Plots: Why We Tell Stories*, Christopher Booker describe las siete tramas básicas que los escritores utilizan para contar sus historias. Sugiere que hay solo un cierto número de formas en las que se puede contar una historia, y las diferencias no vienen de las tramas, sino de la forma en que se expresan.[26] Como en la vida.

Una de las cosas que impide que muchas personas se fijen y persigan metas ambiciosas es la duda. A menudo se preguntan si tienen lo necesario para ir más allá de la norma. Si esta es tu experiencia, como ha sido la mía en el pasado, estoy aquí para decirte que realmente tienes lo que se necesita para construir la vida que elijas, incluida una en la que disfrutes de un trabajo significativo y rentable. Pero como siempre, fiel al espíritu del budismo, no espero que tomes mi palabra como un evangelio; en cambio, te aconsejo que busques pruebas en tu propio pasado.

Aunque no siempre es fácil, la vida es sencilla. Solo se necesita un tiempo para hacerlo bien. No hay información especial que necesites saber; no hay secretos ocultos que dominar; no hay planos de éxito místico que estudiar; solo necesitas permanecer en el juego el tiempo suficiente para lograrlo. Al igual que con un buen whisky que descansa en barriles mientras madura todo su sabor, no hay nada que agregar a la infusión más que tiempo.

---

26. Las tramas son: Superar al monstruo, De la pobreza a la riqueza, La búsqueda, Viaje y regreso, Comedia, Tragedia y Renacimiento.

El alumno se convierte en maestro

Le había enseñado karate a Alice desde que tenía siete años, y ahora que tenía dieciséis, pensé mientras estaba acostado de espaldas mirando al techo, había llegado el momento de que intentara su *Shōdan* (examen de cinturón negro).

Por primera vez en la historia, Alice había roto todas mis defensas y me había golpeado de lleno en el pecho con la planta del pie. Yo no había visto venir la patada, una sorpresa, dado que la velocidad y la reacción son mis mejores atributos en la lucha. La fuerza me había lanzado al suelo de madera pulida, donde ahora estaba acostado, de espaldas, riendo. Alice, tímida, estudiosa, educada pero brutal, había corrido presa del pánico. Había derrotado a su maestro. Alice era la primera de mis estudiantes en recibir un cinturón negro.

Así como solo hay siete tramas básicas para cualquier historia, también podemos garantizar que, algún día, el alumno superará al maestro. La vida es maravillosamente predecible.

A los humanos les gusta creer que son completamente autónomos. No lo son. Y este hecho es una rosa de tallo espinoso. Somos más susceptibles a los pensamientos, ideas, opiniones y manipulaciones de los demás de lo que nos gustaría admitir. Si lo dudas, ¿de dónde crees que surgen las creencias fundamentales que guían las decisiones de tu vida? De tus padres y del entorno, por supuesto. Del mismo modo, ¿crees que tienes el control total de tus hábitos de gasto y decisiones de compra en el mercado? Te gustaría pensar eso, ¿verdad? Las industrias de la publicidad y el *marketing* estarían de acuerdo.

Martin Lindstrom es un visionario del *marketing* que ha estado en la vanguardia de la industria del *branding* durante más de veinte años. En su libro, *Compradicción, verdades y mentiras de por qué las personas compran*, centra la atención en la industria y expone todo el alcance de los trucos y trampas psicológicos que las empresas idean para animarnos a todos a comprar. Es una lectura que nos hace lagrimear porque revela lo «ciegos» que estamos ante las tácticas de publicidad y *marketing*. Pero también es una lectura reveladora, precisamente por las mismas razones.

Una vez que la empresa ha recorrido un camino durante un período de tiempo significativo, generalmente comienzan a surgir patrones. Se identifica el «comportamiento de compra típico»; un empleado percibe lo que es necesario para «mantener feliz al jefe»; un atleta comprende que, con suficiente práctica, sus estadísticas de rendimiento aumentarán. Caminar en peregrinación, que en sí mismo es una representación microscópica del macrocosmos de la vida, también revela patrones de vida. Se podría decir que cualquier cosa con un principio, una zona media y un final es una especie de peregrinaje, con todas las lecciones y descubrimientos inherentes a ese proceso.

Entonces, mientras que la predecible ronda interminable de un sol naciente y poniente puede hacer sonar las alarmas en algunos, esta previsibilidad es realmente una razón para celebrar.

Máquinas de éxito

Eres una máquina de éxito. Incluso si no te consideras así, el hecho de que estés leyendo esta frase demuestra que eres una máquina del éxito.

Tus genes han sobrevivido a una ronda interminable de mejora continua desde el día en que dieron esos primeros pasos tentativos en el peregrinaje darwiniano de la evolución. Piensa en ello. No es un asunto menor. Aunque, actualmente, estés viviendo una vida de lucha terrible que no sientes, de ninguna manera, como algo más que un fracaso, todavía estás sobre los hombros de muchos éxitos pasados.

La supervivencia es un proceso brutal, violento y doloroso que solo favorece a los fuertes. Tú, sí, tú, con todas tus faltas, flaquezas y locuras, eres uno de los supervivientes de la vida. Gran trabajo.

Alerta de datos interesantes: ¡el tú biológico que eres ahora mismo no es el mismo tú de antes! Los glóbulos rojos viven unos cuatro meses y luego se reemplazan; los glóbulos blancos viven más tiempo, aproximadamente un año, mientras que las células de la piel solo duran dos o tres semanas y las células del colon, solo unos pocos días. Todavía eres «tú», por supuesto, pero regenerado, al menos hasta cierto punto.

Al final de mi peregrinaje, cuando llegué al templo de Ryozenji, me di cuenta de que aunque había estado allí antes y, para todos los efectos, era la misma persona, no podría haber sido más diferente, como ocurre con el cuerpo que cultiva células nuevas. Esta vez me detuve en los terrenos del templo con la experiencia de cientos y miles de pasos detrás de mí. El lugar y yo éramos el mismo, aunque en mundos aparte, debido a las dificultades que había soportado y los conocimientos que había adquirido por el camino.

Permíteme otro ejemplo del mundo de las artes marciales.

Las bailarinas luchadoras del Royal Ballet

Otro siete: esta vez representa el número promedio de años que tarda un estudiante en una escuela de artes marciales de alta calidad alcanzar el codiciado rango de cinturón negro. La cantidad de tiempo implicaría que hay mucho que aprender para alcanzar ese objetivo icónico. Pues no es así. Un alumno promedio que practicara un mínimo de tres veces por semana podría, sinceramente, aprender todas las técnicas en un año. Mucho de lo que implica convertirse en un experto en artes marciales es la repetición: practicar lo mismo de siempre, lo mismo de siempre, día tras día.

Cuando tenía veintitantos años y comencé a enseñar artes marciales en escuelas de Londres y sus alrededores, recibí una llamada telefónica del Royal Ballet. Me pidieron que viniera a trabajar con sus alumnos y alumnas más jóvenes en White Lodge, la escuela para residentes ubicada en el corazón de Richmond Park.

White Lodge rezuma excelencia. Es donde algunas de las futuras estrellas se preparan para una carrera en esta forma de baile más agotadora, pero hermosa. Los estudiantes de entre once y dieciséis años gestionan los estudios académicos junto con el intenso e implacable estudio del ballet. Yo mismo he estado involucrado en artes marciales de alto nivel bajo la tutela de algunos instructores intensamente exigentes, e incluso me quedé sin aliento ante algunos de los esfuerzos que estos jóvenes hicieron para perfeccionar su arte.

Debido a la propensión de los bailarines al trabajo duro, la disciplina y la concentración, y el alto nivel de coordinación que logran a través de su arte, pude enseñarles cada movimiento que había desarrollado durante quince años en solo seis semanas.

Si nos hubieras colocado a mí y a estos alumnos de ballet uno al lado del otro y nos hubieras pedido a todos que demostráramos un conjunto de movimientos de artes marciales, una audiencia desconocida no habría podido diferenciarnos. Sin embargo, si nos pidieras que lucháramos hasta la muerte, solo habría un ganador. Yo.

Aunque estos jóvenes habían aprendido el caparazón de los movimientos, los «negros y los blancos», con una facilidad relevante, tardarían muchos años en aprender la etapa intermedia, la «zona gris», como me gusta llamarla. Es el matiz y la sutileza de estas zonas medias lo que lleva años dominar. Si bien el maestro y el novato usan las mismas técnicas, después de todo, ¿cuántas formas nuevas puede haber para patear y golpear?: el experto se diferencia por los miles de pasos «intermedios».

El éxito es un proceso, no un evento

Literalmente, naciste para triunfar. Aunque solo veas el mundo en términos evolutivos, donde la única tarea de la biología es difundir genes para continuar la vida (y si este es tu punto de vista, ¡uf, supongo que no escribes poesía!), entonces todavía estás construido para el éxito. Podemos tomar este hecho y utilizarlo para aumentar nuestra confianza para asegurar nuestra vida laboral ideal. No importa a dónde elijamos apuntar nuestros poderes de creación de éxito: ayer, el superviviente de duras expediciones de cazadores-recolectores, hoy completando un maratón agotador, mañana creando una vida en la que saltas de la cama para hacer el trabajo que amas y que te da unos ingresos generosos: el éxito es el éxito.

El éxito es un proceso, no un evento. No es algo que los dioses otorgan a unas pocas personas especiales. No, el éxito es mucho más hermoso y exóticamente mundano. Es un proceso predecible. Amazon ha aprendido que si te «sugiere» suficientes productos que cree que «podrían gustarte» cuando visitas su sitio web, entonces, como era de esperar, un día, presionarás el botón de «comprar ahora». Los algoritmos de Amazon son maestros en dar el siguiente paso y continuar hasta que su tarea esté terminada. Y tú también deberías.

La verdad es que, y tanto mi agente como mi editor podrían patearme por esto, no necesitas otro libro, un videotutorial o cualquier otra cosa que te diga cómo tener éxito. Eres una prueba viva de que ya tienes los dones, los poderes y la fuerza necesarios para hacerlo. Mientras disfrutas de esta «preciosa vida humana», ¿por qué no aprovecharla al máximo?

Lo que importa es que tengas suficiente fe, respeto y confianza, si no en ti mismo, al menos en la vida, para romper y moldear tu futuro precisamente como mejor te parezca.

Confía en que las semillas del éxito están dentro de ti y que tus elecciones las hacen crecer

Una de las cosas que más me gustan de ser escritor es la libertad que brinda: libertad de expresión (dependiendo de la elección de mi editor para dejarme tomar las riendas) pero también libertad de tiempo.

Mientras escribía este libro, seguí una rutina estricta: despertarme a las 5 de la mañana; saltar de la cama directamente sobre mi cojín de meditación para una «sesión de encendido» de 45 minutos; ducharme, luego meterme en el coche para llegar a una clase de artes marciales para «madrugadores» a las 7 a.m.

Siguiendo la rutina, regreso a casa alrededor de las 9.15 a.m., me tomo un café y luego empiezo a escribir. Después de pasar la mañana en el teclado, hago algo que me gusta tanto como escribir: pasear a mi perro *Jack Russell terrier*, Smudge, en Richmond Park.

Pasear a Smudge es una auténtica delicia. Ver a un perro correr en libertad es una alegría. Los perros viven el momento, aparentemente sin pensamientos que los distraigan sobre los fracasos de ayer, los miedos del mañana o la culpa por disfrutar plenamente de ese hermoso momento único en el parque entre los ciervos.

La manera en que viven los perros se hace eco de una enseñanza clave en el budismo que me quedó clara mientras realizaba la peregrinación, que es que gran parte de las dificultades que aparecen en nuestras vidas son el resultado de nuestra incapacidad para aceptar y comprometernos plenamente con el momento en el que nos encontramos, ¡a diferencia de un perro! En cambio, nos aferramos y nos esforzamos, siempre buscando y alcanzando algo fuera del momento presente.

Considera esta enseñanza en el contexto de tu experiencia: en cualquier momento, es probable que estés pensando en un pasado que ya ha sido y se fue, o en un futuro que aún está por llegar. Muy rara vez te comprometes por completo con el único tiempo que realmente existe: el momento presente.

¿Por qué es así? Personalmente, me encanta pensar en lo que podría crear y mejorar en el futuro. Me encanta el zumbido de la creación y, a menudo, me aburre y me ahoga el aquí y ahora, sobre todo si no pasa mucho o, peor aún, si lo que pasa es intolerable.

Es tanto la ventaja como la desventaja de tener un cerebro humano: podemos planificar con anticipación nuestras funciones cognitivas avanzadas, pero si nos quedamos atascados en el pensamiento, fallamos en abrazar y disfrutar el momento. Es una cuerda floja que debemos recorrer con cuidado.

Aunque debemos pensar en el futuro para planificarlo, es importante reconocer que el futuro en realidad se produce en el presente. Solo puede existir este momento, aquí mismo, ahora mismo. Tal como dicen los budistas, las semillas del éxito futuro son inherentes y se liberan dentro de las elecciones que hacemos en el momento presente, tal como lo son en una bellota.

A medida que el verano llega a su fin y aparecen los primeros signos del otoño, los robles de Richmond Park se cargan de bellotas. Las ardillas se ocupan de recogerlas y almacenarlas, mientras que los ciervos se dan un festín con las que se han caído al suelo bajo los árboles.

Cuando coges una bellota y miras su diminuta cáscara rematada con una boina marrón enrejada, es difícil creer que dentro de ella esté la semilla que algún día formará un maravilloso, retorcido y gigantesco roble; sin embargo, sabemos que sucederá. A nuestro alrededor hay asombrosos robles viejos nacidos de bellotas. La prueba está ante nuestros ojos.

Entonces, de la misma manera, debes confiar en que al elegir tu camino, las semillas del éxito ya son inherentes a tu decisión, y los esfuerzos que pongas les permitirán crecer.

Patrones de éxito

Como ejercicio final, intenta esto:

Toma una hoja de papel y escribe de diez a veinte éxitos relacionados con el trabajo que hayas tenido hasta la fecha. Los éxitos pueden ser menores o mayores, o una combinación de ambos, para reflejar las realidades del lugar de trabajo. Por ejemplo, cuando hice este ejercicio incluí lavar el coche de mis padres por unas pocas monedas, conseguir mi primer trabajo (los sábados en una tienda de campamento en Kingston upon Thames), asegurarme un puesto de profesor en un club de tenis de Londres, comenzar mi propio negocio y que me ofrecieran un contrato de publicación. Cualquier «victoria» relacionada con el trabajo es notable. (Puedes hacerlo con temas que no sean del trabajo, si lo deseas, eso te revelará tus éxitos de manera igualmente adecuada).

Después de un tiempo, te darás cuenta de que la vida, hasta cierto punto, siempre se ha ocupado de tu trabajo y tus necesidades económicas. Incluso si tocaste fondo y necesitaste ayuda de amigos, familiares o del gobierno, la vida intervino y te ayudó. Estos puntos bajos de la vida a menudo se pasan por alto. Creo que no son indicadores de fracaso, sino, por el contrario, evidencias de las formas extraordinariamente creativas que tiene la vida para proporcionarte justo lo que necesitas, cuando lo necesitas. Innumerables biografías de personas conocidas citan sus quiebras y/o antecedentes difíciles como razones de su éxito futuro: Abraham Lincoln, Dave Ramsey, Walt Disney, P. T. Barnum, Cyndi Lauper, Elton John, J. K. Rowling y Oprah Winfrey, por nombrar solo algunas. Veamos unos cuantos:

Abraham Lincoln: antes de su exitosa elección como presidente de los Estados Unidos de América en 1860, fracasó con éxito.

Después de la muerte de su socio comercial (eran dueños de una tienda de provisiones en Salem, Illinois), Lincoln se quedó solo para pagar las crecientes deudas bancarias acumuladas para financiar el inventario de una tienda que no se vendió. La bancarrota moderna no existía en la década de 1830 y Lincoln se vio obligado a pasar los siguientes diecisiete años pagando a sus acreedores.

Lincoln sobrevivió a esa confusión y se convirtió en uno de los héroes más notables de Estados Unidos en su papel de «Salvador de la Unión« y «Emancipador de los esclavos».

Dave Ramsey: Ramsey es posiblemente el asesor financiero personal más leído y famoso en la historia de los Estados Unidos.

Su popular programa de radio (*The Dave Ramsey Show*) se transmite en 550 cadenas y llega a un estimado de 8,5 millones de oyentes, pero Ramsey, como Lincoln, fracasó antes de tener éxito. Ramsey financió a crédito grandes compras para su anterior negocio inmobiliario y resultó ser su perdición. Después de que los acreedores comenzaron a reclamarle deudas, no le quedó otra alternativa que declararse en quiebra.

Su experiencia directa con el dinero y los negocios, tanto buenos como malos, le dio la percepción que impulsó su reinvención como «gurú» del dinero.

Walt Disney: el creador de dibujos animados de fama mundial comenzó su vida con un fracaso, a los ojos de algunas personas, y se declaró en bancarrota cuando aún era un adolescente, y luego nuevamente, unos años después.

Sin inmutarse, Disney, el emprendedor en serie, buscó otro préstamo para financiar otro negocio. Esta vez su familia era la benefactora, y su compañía haría la primera película animada de larga duración, *Blancanieves y los siete enanitos*.

Pero incluso la compañía que ayudaría a Disney a acumular un estimado de 5 mil millones de dólares tuvo sus problemas iniciales. Los costos de producción de *Blancanieves* superaron los recursos financieros de Disney en ese momento y se enfrentó a otra quiebra, así como a la posibilidad de que la película no se terminara.

En un último empujón desesperado, Disney consiguió otro préstamo, la película se terminó y el resto, como dicen, es historia. (*Blancanieves* recaudó 6,5 millones de dólares de la época y se convirtió en una de las películas animadas más exitosas jamás realizadas).

P. T. Barnum: Barnum fue el fundador del Barnum and Bailey Circus, el circo más famoso de todos los tiempos y el tema de la exitosa película de 2017 *El gran showman*. Pero antes de 1871 y de su enorme éxito en el circo, Barnum se había enfrentado a un catálogo completo de dificultades.

Motivado por la pobreza paralizante en su juventud, Barnum quería demostrar que podía ser «más». A los 25 años de edad comenzó su carrera como *showman*. En 1841 compró el Museo Americano de Scudder en la ciudad de Nueva York y financió la mejora del edificio en ruinas y sus exposiciones. Pero después de que el edificio se incendiara (¡cinco veces!), se vio obligado a declararse en bancarrota.

Para no dejarse vencer por la adversidad, Barnum ganó dinero dando conferencias sobre «El arte de conseguir dinero», que pagó sus deudas y preparó el escenario para el comienzo de su famoso circo de tres pistas. Tenía 64 años cuando encontró su gran éxito.

Cyndi Lauper: La ames o la detestes, el éxito musical de Lauper es indiscutible, con un valor neto estimado en alrededor 30 millones de dólares. Pero al igual que con todos nuestros otros ejemplos de celebridades, Lauper sufrió dificultades por el camino.

Antes de su ascenso a la fama, cantó y escribió para una banda llamada Blue Angel. Lanzaron un álbum en 1980, prácticamente sin elogios del público, y Lauper se vio obligada a declararse en bancarrota en 1981.

Los malos tiempos la habían golpeado previamente. En 1977, los médicos le dijeron que nunca iba a cantar de nuevo después de que resultaran dañadas gravemente sus cuerdas vocales. Sin embargo, seis años después, en 1983, lanzó su exitoso álbum, *She's So Unusual*, que incluía éxitos clásicos como: *Girl's Just Want to Have Fun, Time After Time, All Through the Night, She Bop* y, muy apropiadamente, *Money Changes Everything*.

Elton John: Elton John es una megaestrella que nunca sospecharías que ha sufrido las pruebas y tribulaciones que la mayoría de la gente común tiene que soportar a lo largo de su camino hacia la gloria.[27] Pero a estas alturas ya habrás adivinado que sí, ¡lo hizo! Aunque al revés.

John disfrutó del éxito desde el principio con el lanzamiento de su primer sencillo, *Your Song*, en 1970 (¿a quién no le encanta esa canción?). A partir de ahí, se elevó al estrellato, con una serie de álbumes, siendo los más notables *Goodbye Yellow Brick Road* y *Caribou*, lanzados en 1973 y 1974 respectivamente.

Pero en 2002, las dificultades que había eludido hasta ahora en su carrera llamarían a su puerta. Después de gastar todo su dinero en su infame estilo de vida de estrella de *rock and roll*, todo se vino abajo y se vio obligado a declararse en quiebra.

---

27. A menos que hayas visto la reciente película biográfica de su vida, *Rocketman*, que se estrenó en los cines en 2019.

En 2003, nuevamente enfocado y listo para relanzarse, firmó un contrato para realizar 75 conciertos durante tres años en el icónico Caesar's Palace de Las Vegas. A partir de 2018, su valor estimado es de 450 millones de dólares. Quizá su próximo single podría llamarse *The Comeback Kid*.[28]

J. K. Rowling: Como escritor, me gusta especialmente este ejemplo de celebridad. Rowling ha vendido millones de copias de sus libros en 73 idiomas diferentes y ha acumulado más de 20 mil millones de dólares a través de adaptaciones cinematográficas y patrocinio. Pero también ella, como era de esperar, tiene un trasfondo de dificultades.

A finales de la década de 1990, Rowling se enfrentaba a la depresión después de la muerte de su madre, un matrimonio fallido, una nueva hija que criar sola, sin trabajo y capítulos de muestra de un nuevo libro que las editoriales rechazaban a diestra y siniestra. ¡Ella cuenta que inicialmente doce editores rechazaron su propuesta de libro de Harry Potter!

Rowling no tenía ningún lugar donde caerse muerta, había tocado fondo pero todavía estaba viva y por eso continuó haciendo lo que amaba: escribir.

«El fracaso significaba despojarse de lo esencial. Dejé de engañarme a mí misma diciendo que era algo que no era y dediqué toda mi energía a terminar el único trabajo que me importaba», dice Rowling. Suena notablemente a la lección que Jim, el marido de mi profesor de japonés, me enseñó hace tantos años.

---

28. Algo así como «El regreso del chico». *(N. del T.)*

Oprah Winfrey: «Lo sé con certeza: tu viaje comienza con la elección de levantarte, salir y vivir plenamente». Estas son las palabras de la contraportada del libro de Oprah Winfrey, *Lo que sé con certeza.*

A los 63 años, Oprah Winfrey ha acumulado una impresionante lista de logros mediáticos: es la presentadora y propietaria del programa de televisión estadounidense de mayor audiencia de todos los tiempos (*The Oprah Winfrey Show*), dirige una red de televisión (OWN), tiene su propia revista mensual (*O, The Oprah Magazine*); y es la mujer afroamericana más rica, así como la primera y única multimillonaria negra de los Estados Unidos.

En cambio, su vida temprana fue una lista de dificultades igualmente notables. Nacida en 1954 en Mississippi de una madre soltera adolescente, era tan pobre que la enviaban a la escuela con vestidos hechos con sacos de patatas. En 1986 reveló en su programa de televisión que fue violada a los 9 años de edad por un primo y luego nuevamente por otros miembros de la familia. Quedó embarazada a los catorce años, pero su hijo murió prematuramente. También ha hablado repetidamente sobre su lucha contra su peso y la vergüenza con respecto a su imagen corporal.

A pesar de todas estas dificultades, Oprah Winfrey es una mujer que vive y respira positividad: «Creo que el tiempo no se aprovecha de la mejor manera si nos centramos en lo que no hemos sido», dice. «Lo mío es: hazlo. ¿Quieres ver cambios? Entonces sal y haz esos cambios tú misma».

Utilizo estos ejemplos no porque debamos aspirar a la fama y la gloria (pero igualmente, si quieres, ¿por qué no?), sino porque las luces brillantes de la celebridad a menudo ayudan a resaltar un punto: todos querían algo, todos lucharon, todos llegaron allí al final.

Recuerda que estas personas no empezaron siendo famosas. Son bien conocidas ahora no porque ellas mismas estén dotadas de algún don o poder oculto. Alguna vez fueron «cinturones blancos», como todos nosotros. Sus historias demuestran las diferentes formas en que la vida puede impulsarnos a lograr nuestras aspiraciones.

Sin embargo, algunas personas pueden argumentar que la prioridad evolutiva de la vida es el simple objetivo de difundir genes en lugar de facilitar nuestro éxito en el mundo moderno. Al principio, puede ser cierto que la supervivencia era la mayor ambición de la vida, pero la vida avanza. En los días pasados, según el diagrama de la jerarquía de necesidades de Maslow, de la que ya hemos hablado en varias ocasiones en este libro, la vida consistía simplemente en obtener las necesidades esenciales para la supervivencia, como el aire, el agua, el sexo, un lugar para dormir y cosas por el estilo. Más tarde, a medida que avanzamos, incluyó necesidades más sutiles como la autoestima, la confianza, los logros y el respeto por los demás y de los demás.

El hecho es que estamos diseñados para evolucionar y exhibir nuestras capacidades más altas, y la vida tiene un gran interés en ayudarnos a hacerlo.

Entonces, consuélate con este conocimiento y las otras ocho lecciones que lo preceden, y sal y crea una vida espectacular para ti. Pon el listón alto. ¿Por qué no desearías una vida en la que el trabajo, una ocupación a la que dedicas un tercio de tu existencia, sea inspirador, significativo y gratificante?

Atrévete a pedirte grandes cosas, porque al final, en el espíritu del ciclo interminable del *ensō*, llegará tu turno, como nuevo maestro, de transmitir esa ayuda a tus alumnos, que estarán ansiosos de que los instruyas.

Y la vuelta de círculo habrá comenzado de nuevo.

CONCLUSIÓN:
LA RED DE INDRA

En la escuela Huayan de budismo chino, la historia de la «red de Indra» se utiliza para describir la interconexión del universo.

La historia cuenta que el gran dios Indra posee una red que se extiende hasta el infinito. De cada agujero de la red cuelga una joya resplandeciente: todas ellas brillan como las estrellas en un cielo infinito. En la superficie pulida de cualquier joya se pueden ver reflejadas todas las demás, infinitas en número, y todas las demás reflejan la joya a cambio.

Al igual que en la red de Indra, las nueve lecciones de este libro se reflejan y conviven entre sí. La Lección 9, por ejemplo, confiar en que tienes lo que se necesita para alcanzar tus metas, refleja naturalmente la Lección 1, en la que eliges lo que quieres en primera instancia. La fe en uno mismo conduce al logro de los objetivos elegidos y, a su vez, genera más fe y libertad para elegir más, *ad infinitum*.

He hablado de las lecciones que aprendí durante la Peregrinación de los 88 Templos en el contexto de la creación de un trabajo que sea significativo (y agradable) y rentable, pero que se puede utilizar para cualquier objetivo. He optado por abordar el tema del trabajo porque, a mi regreso de Japón, me di cuenta de que era la causa de las dificultades de la mayoría de las personas, al menos entre aquellas con las que pasaba el tiempo.

Un hombre santo que conocí en la peregrinación me dijo que era mi deber compartir lo que había aprendido para mejorar el mundo y sus gentes. Inicialmente, lo hice contando mis experiencias en mi libro, *The Hardest Path*. Más tarde, quedó claro que las lecciones podrían utilizarse de manera más directa para lidiar con el dinero, un tema que nos afecta a todos, sin importar nuestro género, raza, color o credo, y que impulsa gran parte de nuestro trabajo, vida y decisiones de negocios.

Gran parte de una peregrinación se camina en total silencio; la idea es permitir que las respuestas que buscas broten sin que se vean oscurecidas por una charla frívola. La sabiduría otorgada a un peregrino puede entonces «escucharse» con más claridad y el peregrino meditar sobre ella y luego traducirla a cualquier formato necesario para ayudar y servir a los demás.

Tardé algunos años en darme cuenta de que estas grandes ideas de uno de los grandes senderos espirituales del mundo podrían usarse para un tema tan mundano como el dinero. Sin embargo, llegó un momento en que me supe que el tema del dinero no se puede evitar, ni siquiera desde dentro de la piadosa torre en la que sospecho que me había estado escondiendo.

El punto de inflexión llegó cuando vi a Su Santidad el Dalai Lama en YouTube. Daba un discurso sobre la compasión a una congregación de miles de seguidores con los ojos muy abiertos, todos bañándose en su presencia espiritual. Por alguna razón, me enfoqué en su túnica.

Tan simple y sin pretensiones como eran sus hilos marrón y azafrán, no podía escapar a la idea de que en algún momento alguien tendría que haberse gastado dinero para mantener vestido a ese gran ícono espiritual. En ese momento, el vínculo indisoluble entre una vida con sentido y las finanzas se hizo evidente y decidí que debía entablar una conversación sobre el dinero.

Así, este libro es esa conversación. Son lecciones de vida que llegué a comprender de manera definitiva y clara durante el peregrinaje, libre del oscurecimiento de la vida cotidiana. No es necesario hacer una peregrinación para descubrirlos, simplemente los descubrí mientras caminaba.

Como recordatorio, son estas:

1. **Empieza desde donde te encuentras**

   Por supuesto, es imposible estar en otro lugar que no sea donde estás ahora. Si está satisfecho con tu posición inicial o no, eso no cambia el hecho. Reconócelo. Acéptalo. Avanza, pero nunca lo niegues. Por ahora, estás donde estás y eres quien eres, y es un lugar tan bueno como cualquier otro para comenzar a decidir qué quieres y adónde quieres legar.

2. **El arte de dar un paso**

   Desde donde comienzas, solo existe una dirección para viajar: hacia adelante. La vida, o, de hecho cualquier viaje, a veces puede resultar abrumadora y la incertidumbre a menudo puede llevar a la postergación y la inacción. Cuando esto suceda, simplemente concéntrate en una pequeña tarea inmediata, el siguiente paso en tu aventura. No hay necesidad de preocuparse por los muchos pasos que debes recorrer; puedes ocuparse de ellos una vez que llegues a ellos. Y cuando lo hagas, simplemente será otro paso único para que lo des de inmediato.

3. **Cuando el alumno está listo, aparece el maestro**

A veces no sabrás cuál debería ser tu próximo paso. En este caso, animado por tu compromiso con la acción una vez que sepas lo que va a ser, ten la seguridad de que aparecerá el maestro de tu próximo movimiento. Puede venir de la frase de un libro, a partir de una percepción mientras caminas, de un comentario de un amigo o, literalmente, de un maestro que tiene las respuestas que buscas. Mantén los ojos, oídos y mente abiertos a la sabiduría que llegará.

4. **El arte de la sencillez**

Decirte que trates de no esforzarte demasiado es una contradicción de términos, pero por más desafiante que pueda ser, ¡vale la pena el esfuerzo! Relájate un poco. Suelta las riendas. No es esencial que tengas todo resuelto para alcanzar el éxito. Recuerda que el sol ya salía mucho antes de que tú nacieras y se pondrá mucho después de que te hayas ido. ¿Por qué no disfrutar de sus colores y calidez mientras estás aquí, sin interferir?

5. **El arte de la meditación**

Esta es posiblemente la habilidad más importante que puede desarrollar cualquier ser sensible. Es vital en muchos niveles. Entre otras cosas, te ayudará a aprovechar los recursos internos latentes, desarrollar el enfoque para abordar tareas importantes, reducir el estrés en tiempos difíciles y obtener una manera de ver tu vida, incluido el trabajo, que te ayudará a llegar a donde deseas ir o, igualmente, a encontrar valor en el lugar en el que te encuentras actualmente.

6. **La ley del karma**

Las cosas saldrán mal. Negarlo no solo es perjudicarte a ti mismo, sino también malinterpretar las vicisitudes de la vida. Con una nueva perspectiva, los problemas pueden utilizarse no solo como combustible para el éxito futuro, sino también para hacernos una idea de nosotros mismos.

7. **Monedas invisibles**

No todo lo que tiene valor se puede medir en dinero. De hecho, y se ha argumentado en las canciones muchas veces, «Las mejores cosas de la vida son gratis». Cuando tu medida de éxito es únicamente fiscal, te estás preparando para una gran caída. Al usar especificaciones de «solo dinero», no ves las «monedas invisibles», esas cosas que tienen un gran valor pero que no se pueden cambiar de inmediato por euros, y puedes verte tentado prematuramente a abortar tus ambiciosos planes cuando estaban a punto de florecer.

8. **Amor, gratitud y corazón** *(sutra)*

Es un viejo cliché decir «me encanta el viaje, no solo el destino», pero por más trillado que esté, no hay mejor manera de expresar este punto. Mientras recorres el trayecto (otro cliché del que no me arrepiento en absoluto) hacia tu vida laboral ideal, recuerda mostrar amor y aprecio en el camino. Agradece donde has estado, donde te encuentras actualmente y lo que está por venir; tómate el tiempo necesario para escuchar y charlar con las personas que conoces; ama las victorias, las pérdidas, el proceso y, sobre todo, a ti mismo y el trabajo que estarás dando al mundo.

9. **Tienes lo que se necesita**

Tienes un historial de éxitos, una historia plagada de «pequeñas victorias»: aprender a caminar, tu primer beso, aprobar el examen de conducir, mantener tu temperamento bajo control, recuperarte de un problema de salud, tener hijos, no tener hijos… la lista es interminable. Toma nota de la propensión que tienes a «hacer el trabajo». La vida está de tu lado, no importa el objetivo. Elige lo que quieras y hazte un favor; ve y consíguelo. Después de todo, ¿por qué romper el hábito de toda una vida?

En última instancia, no importa cómo llegues allí, lo que importa es que te pongas en marcha. Te insto a que no esperes.

La vida es un trabajo en progreso y también lo son los descubrimientos de la ciencia, la religión y la filosofía. Me he basado en información fáctica de las tres disciplinas y espero que hayas lo encontrado interesante y beneficioso, pero, en el espíritu del budismo, he escrito principalmente a partir de la experiencia directa y de las experiencias de los otros budistas millonarios que entrevisté. Depende de ti agregar y actualizar esta reserva de conocimiento creando tus propias experiencias, descubriendo tus propias verdades y tallando tu propio modelo de vida único.

Si aún no está claro, permíteme repetirlo: para ser un budista millonario, no es necesario ser budista ni millonario. El término se aplica a cualquier persona que esté comprometida con un trabajo significativo en el que esté absorta y que le apasione (como es de esperar de un budista), y que gane mucho dinero en el proceso (como es de esperar de un millonario). Dejaré que tú decidas cuáles de nuestros entrevistados son budistas millonarios en el sentido literal y metafórico del término.

Espero sinceramente que este libro te sea útil y tal vez, algún día, me despierte con un correo electrónico o mensaje de Facebook donde me hagas saber que las acciones que precipitó cambiaron tu vida laboral de manera irrevocable.

En tu mensaje, podrías decirme que nunca te ha gustado tanto el trabajo como ahora, y que financieramente te encuentra en el mejor lugar en el que has estado. Podrías decirme que superaste algunos contratiempos iniciales, pero seguiste adelante con tu visión del trabajo a pesar de todo. Y adivina qué, podrías decirme: «Tenías razón, ¡al final todo salió bien!».

Pero la mejor parte del mensaje será que, animado por tu éxito, ahora has comenzado a ayudar a otros a hacer lo mismo, ya que recurren a ti en busca de consejos sobre cómo vivir una vida enriquecida con un trabajo rentable, agradable y significativo. Y este será el momento en que le grite desde mi ordenador portátil a mi esposa:

> «Oye, Shez, mira este hermoso mensaje que acabo de recibir de un lector. Creo que tenemos un nuevo budista millonario».

GRATITUDES

¿Alguien además de los agradecidos lee la parte de los agradecimientos (prefiero el término «gratitudes») de un libro? Deberían, y desearía haberlo hecho antes en mi carrera. En una determinada etapa de la vida, entendemos que el éxito no se puede lograr ni disfrutar sin un equipo. Ninguno de nosotros, como suele decirse, somos islas.

Muchas personas maravillosas están involucradas en el libro que tienes hoy en las manos. Espero que el reconocimiento público de sus esfuerzos les haga saber de alguna manera cuánto aprecio lo que han hecho por este proyecto. Así que aquí va. Gracias a: Michael Taylor, Selina Lamy, Drew Sullivan, Charles Negromonte, Sunni Jardine, Cheree Strydom, Ian McClelland, Druhv Baker, George Asprey, Gary Chamberlain, Moatez Jomni y Matt Hastings por compartir sus inspiradoras historias; al maravilloso equipo de Short Books, en particular a la fabulosa Helena Sutcliffe, que ha entregado su corazón y su alma a este libro y lo ha mejorado con su aportación (¡aunque le vendría bien doblar un poco más las rodillas cuando juega al tenis!); a mi Sheri, que simplemente necesita un premio por aguantarme (todas las parejas de escritores comprenderán el desafío); a la inimitable Frances Cutts, que ha sido y siempre será mi primer puerto de escala cuando busco consejo, siempre es bueno saber que estás cerca; y a Renata Kasprzak, mi agente, que me respaldó desde el principio y me ayudó a cruzar el puente de la idea a la realidad, y por mucho más.

El último y quizá más importante agradecimiento es para ti, el lector que se ha tomado el tiempo y el esfuerzo, sin mencionar que ha pagado el dinero e invertido en las ideas y las páginas de este libro. Gracias. Espero que te sean muy útiles y que termines disfrutando de un trabajo que adoras.

Matt Jardine es artista marcial, emprendedor, orador público, podcaster, profesor y fundador de Jardine Karate School. Sus libros anteriores incluyen *Mo and Lucy - Choices* y *The Hardest Path*, inspirado en su Peregrinación de los 88 Templos de Japón. Matt ha practicado la meditación y otras artes orientales durante más de 25 años y ahora vive en Londres con su esposa y su *Jack Russell terrier*.

Ecosistema digital

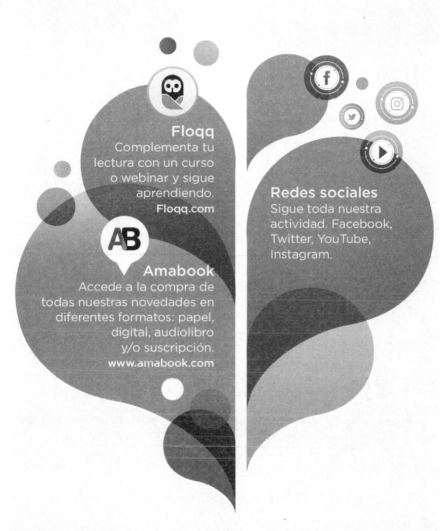

Floqq
Complementa tu lectura con un curso o webinar y sigue aprendiendo.
Floqq.com

Amabook
Accede a la compra de todas nuestras novedades en diferentes formatos: papel, digital, audiolibro y/o suscripción.
www.amabook.com

Redes sociales
Sigue toda nuestra actividad. Facebook, Twitter, YouTube, Instagram.